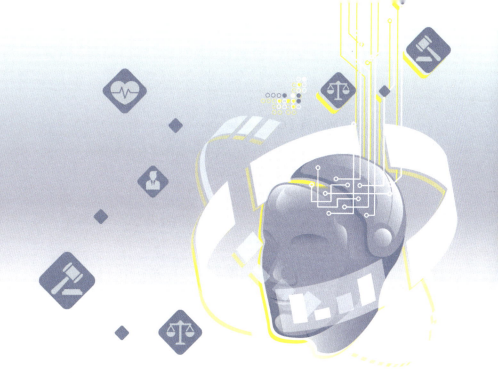

2021最美
科技工作者

中共中央宣传部宣传教育局　编

学习出版社

图书在版编目（CIP）数据

2021最美科技工作者 / 中共中央宣传部宣传教育局
编 . -- 北京：学习出版社，2022.8
ISBN 978-7-5147-1163-9

Ⅰ. ①2… Ⅱ. ①中… Ⅲ. ①科学工作者－先进事迹
－中国－现代 Ⅳ. ①K826.1

中国版本图书馆CIP数据核字（2022）第117782号

2021最美科技工作者
2021 ZUIMEI KEJI GONGZUOZHE

中共中央宣传部宣传教育局　编

责任编辑：张　俊
技术编辑：胡　啸
装帧设计：壹读闻话

出版发行：学习出版社
　　　　　北京市崇外大街11号新成文化大厦B座11层（100062）
　　　　　010-66063020　010-66061634　010-66061646
网　　址：http://www.xuexiph.cn
经　　销：新华书店
印　　刷：北京新华印刷有限公司

开　　本：710毫米×1000毫米　1/16
印　　张：10.5
字　　数：117千字
版次印次：2022年8月第1版　2022年8月第1次印刷

书　　号：ISBN 978-7-5147-1163-9
定　　价：35.00元

如有印装错误请与本社联系调换，电话：010-67081356

前　言

2021 年 11 月，中央宣传部、中国科协、科技部、中国科学院、中国工程院、国防科工局向全社会公布 2021 年"最美科技工作者"。他们是：首都医科大学附属北京胸科医院（北京市结核病胸部肿瘤研究所）研究员马玙，中国船舶集团有限公司首席专家、研究员毛献群，中国兵器工业集团有限公司原首席专家冯益柏，中国科学院院士、中国科学院微生物研究所研究员、中国科学院大学博士生导师庄文颖，宁德市水产技术推广站原站长刘家富，两院院士、武汉大学教授李德仁，中国疾病预防控制中心流行病学首席专家、性病艾滋病预防控制中心干预室主任吴尊友，中国科学院院士、中国科学院大连化学物理研究所研究员沙国河，重庆交通大学副校长易志坚，中国科学院院士、南京航空航天大学教授赵淳生。

　　10位来自科研生产一线的"最美科技工作者"，他们中有的聚焦国家重大需求，自主创新攻克关键核心技术；有的积极投身抗击新冠肺炎疫情一线，践行"全心全意为病人服务"初心；有的毕生致力于成果转化技术推广，将论文写在祖国大地上；有的积极投身科普事业，为青少年点亮科学梦想……他们以实际行动，生动诠释了科学家精神的真谛，展现了中国科技工作者的良好精神风貌。

　　习近平总书记强调："科学成就离不开精神支撑。"加快建设科技强国、实现高水平科技自立自强，需要继续发扬以爱国创新为底色的科学家精神。为深入贯彻落实习近平总书记在中央人才工作会议上的重要讲话精神，更好地团结引领广大科技工作者胸怀"国之大者"，坚持"四个面向"，奋力建功新时代，我们组织编写了本书。旨在激励广大科技工作者以"最美"先进典型为榜样，深怀爱国之心、砥砺报国之志，面向世界、面向未来，主动担负起时代赋予的使命责任，争做高水平科技自立自强排头兵，在报效祖国、服务人民中实现人生价值，在全面建设社会主义现代化国家新征程中奋勇争先、建功立业。

目 录 contents

吴尊友

沙国河

易志坚

赵淳生

视频·链接

科技报国　服务人民

——走近 2021 年"最美科技工作者"

◎ 喻思南

谈及今后打算，82 岁的中科院院士、南京航空航天大学教授赵淳生说："国家培养了我，如今上年纪了，要抓紧时间，尽量多做点事。"

像赵淳生一样，科技工作者朴素深挚的情感，是支撑他们前进的力量。

志在报效祖国

赵淳生是我国超声电机领域的奠基者。20 世纪 90 年代，他放弃海外科研机构的优厚待遇，回到祖国。

"我出去学习，就是要学到本事，服务祖国。"赵淳生说。当时，超声电机在国内是全新课题，没有启动经费，他向系里借了 1.5 万元，靠着简易的设备，带着几名学生，一头扎进实验室，不分昼夜地进行科研。

1995 年 12 月 17 日，赵淳生团队研制出我国首台能实际运行的超声电机。之后，他又带领团队相继研发了 60 多种具有自主知识产权的超声电机及其驱动器，在嫦娥三号、嫦娥四号上派上了用场。

1983 年，后来成为两院院士、武汉大学教授的李德仁到德国进修，在斯图加特大学攻读博士。他经常第一个来到实验室，直到深夜才离开。

李德仁首创了误差可区分性理论，解决了一个测量学上长久未解决的难题，并提出了"选权迭代法"。他用一项项创新成果，引领我国测绘学科发展，逐渐成长为国内外著名的摄影测量与遥感学家。

成果惠及民生

马玙从事结核病防治工作已经 66 年了。这位北京胸科医院结核科主任医师，头发全白，听力有所减退，但依然精神矍铄。每周四上午，她都会准时出现在结核科诊室。

"最有效的处方是对病人发自内心的负责和关爱。"马玙说。碰到一时拿不出医药费的患者，她就会自己垫上。听诊前，她用手先把听诊器捂热。

马玙闲不下来，几乎每天都要查阅国内外文献、了解最前沿的科研信息。有人问她："快 90 岁了，为什么不好好享受生活？"她说："医无止境，只有不断学习，才能更好地服务患者。"

2020 年 6 月，北京市新发地市场发生新冠肺炎疫情，尽快查明源头对控制疫情尤为关键。中国疾病预防控制中心流行病学首席专家吴尊友深入一线，面对面询问发病日期最早的 8 名病例。时值夏天，他穿着防护服工作，浑身是汗。

在调查资料的基础上，结合流行病学分布特征，吴尊友判断：疫情很可能是由污染的进口海产品引起，经过接触传播引发感染后再扩散。这一判断，为我国外防输入政策提供了科学依据。

从事科研 60 多年，中科院院士、中国科学院大连化学物理研究所研究员沙国河成绩斐然：自行设计、建立了中国第一台化学激波管，研制出我国第一台化学激光器，在国际上首次实验观察到量子干涉效应……这些年，他满腔热情地投入到科普工作中。

沙国河将创新成果惠及百姓的想法，在培养青少年的好奇心上延续。在大连市沙河口区中小学生科技中心，他设立了全国首家面向青少年的科普院士工作站。每周二和周四上午，他为孩子们做科普实验演示并设计实验，搭建的科普实验装置有几十种。

勇担创新使命

冯益柏是中国兵器工业集团原首席专家。为满足我军轮式武器装备现代化需要，作为总设计师，他带领科研团队，成功研制出新式战车，填补了国内空白，达到国际先进水平。

21 世纪初，冯益柏和团队对某型坦克进行了性能拓展和技术攻关，将搭载中国液力传动技术的动力舱应用在坦克上。自主研发的动力舱集模块化和信息化于一体，使中国坦克的军工实力跻身世界一流水平。

为了加快科技创新，许多科技工作者像冯益柏一样努力着。中国船舶集团第七〇八研究所首席专家毛献群，从小就有强军强国梦。某型综合登陆舰研制期间，缺乏有使用价值的资料，技术风险高。作为该舰的副总设计师，为了得到第一手资料，毛献群和同事作了大量调查研究，最终确定了该舰的初步方案。

国家某型号战舰是我海军研制的具有大规模、远距离、立体投送能力的新型战舰，毛献群作为该舰总设计师，带领团队破解了多项技术难题，始终奋战在研制最前线。

重庆交通大学教授易志坚是力学专家。2008 年，发现土壤颗粒间存在万向结合约束现象后，他突发灵感：沙子不是可以通过力学约束改变其离散状态，转变成干时为固体、湿时为流变体的"土壤"吗？

我国沙化土地面积大，改造其中 1%，新增的利用土地就十分可观。易志坚暂停手头工作，自筹经费研究。2016 年，他到沙漠实地进行"土壤化"试验。2017 年 3 月，易志坚体检时查出患有严重疾病，但他依然坚持去沙漠做实地试验。

在不同的沙漠或沙地，易志坚和团队进行了 10 多项试验示范研究。"沙漠土壤化"理念被越来越多人知晓。

坚持科研初衷

中科院院士、中科院微生物研究所研究员庄文颖 70 多岁了。1978 年，她考取中科院微生物所研究生，从此一辈子专注于一件事——研究真菌。

目前人类发现和描述的真菌仅有约 15 万种，据保守估计，还有

200 多万种真菌有待认识。扎进真菌研究 40 多年，功夫不负有心人，她取得了一系列成果。

70 多岁的庄文颖，背微微有些弯，目前已很少再去野外考察，可她仍然每天出现在实验室，与真菌标本、放大镜、显微镜和她的学生为伴，尝试着拓宽真菌学的认知边界。

福建宁德的渔民，几乎没人不知道刘家富。这位宁德市水产技术推广站原站长，用 30 多年时间研究大黄鱼，富了当地老百姓。

1985 年，刘家富和团队启动大黄鱼人工繁育初试，1990 年实现百万尾规模的大黄鱼全人工批量育苗。然而，由于试养的人工繁育大黄鱼生长缓慢，他和团队的研究遇到了瓶颈。

刘家富回忆，经过 4 年艰苦努力，1995 年，研究迎来转机，科研团队不但解决了大黄鱼生长缓慢的问题，建立了大黄鱼的网箱与池塘养殖的全套技术路线，还指导养殖户试养获得丰收。

《人民日报》2021 年 11 月 5 日

奏响创新的时代乐章

——致敬 2021 年"最美科技工作者"

◎ 温竞华　张　泉

　　他们把个人理想融入国家需要，自主创新攻克关键核心技术；他们择一事终一生，在服务人民中实现人生价值；他们在科技最前沿不断开拓，把科学作为一辈子最重要的事……

　　这些一线科技工作者的优秀代表，谱写着一曲曲爱国创新的时代交响，彰显出科学家精神的蓬勃力量。

心有大我：科学要为祖国服务

　　他牵头研制的超声电机已应用于嫦娥系列月球探测器、量子通信、智能炮弹等高端装备和领域，打破国外技术垄断；他曾两次患癌、三次手术，九死一生仍牵挂科研进展……

　　他是中国科学院院士、南京航空航天大学教授赵淳生，我国超声电机的奠基人和开拓者。

20 世纪 90 年代，访学美国的赵淳生第一次接触超声电机，就立下了此后半生追求的志愿："我想中国将来也要搞空间探测器，国家需要，我就要去做。"

1994 年，放弃美国的优厚待遇，赵淳生带着 6 箱资料辗转回到祖国。没有启动经费，他向系里借了 1.5 万元，买了一台计算机和一台简易打印机，带着 3 个学生，用不到一年时间，研制出了我国第一台能够实际运转的超声电机。

连续 6 年的忘我工作，让肺癌和胃癌接连缠上了赵淳生，4 个月内两次手术切除了他的一叶右肺和 2/3 的胃。家人痛心地问他，要命还是要超声电机？他说："我两个都要，超声电机不能停！"

躺在病榻上近一年，左手挂水，右手写报告，赵淳生一直没有停止研究；因身体病痛难以支撑走到实验室，他就找人把仪器设备搬到家里调试迭代……

如今，我国超声电机事业已经达到世界先进水平，但 83 岁高龄的赵淳生还在为他的"中国梦"忙碌："要让超声电机产业化，真正在各个领域都能用上。"

与赵淳生一样，1985 年，摄影测量与遥感学家李德仁婉拒了德国和美国科研院所抛出的橄榄枝，从德国学成回国。这位两院院士、武汉大学教授说："科学要为祖国服务。学到本事就要给国家作贡献，这是我们那时最真实的想法。"

从提出测绘界的"李德仁方法"，到解决了误差可区分性这一测量学的百年难题，再到研制我国"航天—航空—地面"3S 集成的测绘遥感系列装备，李德仁用一项项创新成果，引领中国测绘学科稳居国际前列。

"测绘遥感已进入智慧时代。"从智慧城市到智慧手机、自动驾驶，他正围绕测绘遥感的多元化应用进行深度开发，致力实现空间感知的智能化。

中国兵器工业集团原首席专家冯益柏几十年努力攻关，助力中国坦克的军工实力跻身世界一流；"船舶设计大师"毛献群主攻某型号舰艇总体研究设计工作 20 余年，始终奋战在研制工程的最前线；重庆交通大学副校长易志坚 12 年来深入大漠边关，用力学"密码"打开"沙变土"之门……这些科技工作者把个人理想融入国家需要，践行着科技报国的铿锵誓言。

坚守担当：科技造福百姓生活

福建宁德的渔民，几乎没人不知道"大黄鱼之父"刘家富。这位宁德市水产技术推广站原站长，用 30 多年时间，救了一尾鱼，富了一方人。

由于对越冬鱼的过度捕捞，1974 年春，舟山产卵渔场大黄鱼资源濒临枯竭。刘家富看在眼里，痛在心上，"我们作为渔业科技工作者，有责任拯救大黄鱼资源，恢复大黄鱼渔业。"

1990 年，他的团队攻克了大黄鱼百万尾人工批量育苗技术，可缓慢的生长速度，让人们质疑起大黄鱼的养殖效益。为找出问题，让更多鱼加快生长，刘家富又开始了新一轮的试验。

缺少经费支持，刘家富就买来一艘报废船当管理房，挖土坑抹上水泥浆作育苗池，毛竹作水管、木塞当阀门……一批又一批大黄鱼苗培育出来了。

如今，大黄鱼已成为我国最大养殖规模的海水鱼产业，年产量超 25 万吨，还带动运输、加工、旅游等诸多行业发展，约 30 万人实现了就业与脱贫致富。

科技绘就美好生活。在守护人民健康的阵地上，也有这样一群科技工作者，用医者仁心诠释为民情怀。

我国结核病知名专家、北京胸科医院研究员马玙，年近 90 岁依然坚持出诊，被患者亲热地称为"马老太太"。从医 66 年，她的很多学生已是全国各大医院结核专业领域的骨干和学科带头人。

每次听诊前，马玙会用手捂热听诊器；给老年患者做完检查，她要扶着对方下了诊床再去开处方……"医生最大的敌人是冷漠，最有效的处方是爱。医生的一点点关爱，就可能改变患者的一生。"她说。

一场新冠肺炎疫情，让中国疾控中心流行病学首席专家吴尊友成了百姓的"老熟人"。镜头前，他普及疫情防控知识，回应群众关切；镜头外，他奋战在疫情防控和溯源一线，遍访武汉、北京、喀什、绥化……

从事传染病防控 30 多年，他数次直面病毒和危险，只为当好百姓的健康"守门人"。

面向未来：科学是一辈子的事

中国科学院院士、中科院微生物所研究员庄文颖，用近半个世纪做一件重要的事：努力摸清我国真菌资源的家底。

她说："全球有 220 万至 380 万种真菌，目前被认知和描述的只有大约 15 万种，还有大量真菌物种等待着人类去发现，我愿意为此付出毕生努力。"

她进丛林、踏戈壁，走遍国内 26 个省区，发现了 360 余个真菌新种；她研究了 39 个国家和地区的众多真菌材料，澄清大量分类和命名问题；她独立完成了 3 个真菌属的世界专著性研究，使我国部分真菌类群的物种数量倍增……

"基础研究不可能一蹴而就，要脚踏实地地去干。既然选择了真菌领域，我就要在这个路上走下去，而且要深入下去。"庄文颖说。

为让更多人了解真菌，近些年，庄文颖做了大量科普工作：参与《中国大百科全书》真核微生物条目的撰写，制作的视频课累计观看超 300 万人次。

而另一位在我国激光化学基础研究领域作出了创造性贡献的中国科学院院士、中科院大连化物所研究员沙国河，退休后更是全身心地投入到青少年科普活动中。20 余年来，他的科普课开进了大连市城乡的几十所中小学，吸引了一众"小粉丝"。

在大连市沙河口区中小学生科技活动中心，沙国河设立了全国首家青少年科普院士工作站，还亲自设计搭建几十种科普实验装置。不论刮风下雨，他每周都会准时出现在院士工作站，为中小学生举办科普讲座、演示科普实验。

已经 87 岁高龄的沙国河一直操心着科普工作的进展。最近，他还表示希望能找到一位德才兼备的退休教师来帮助管理院士工作站，不要耽误孩子们来学习和实验。

"一个国家科学水平的高低，不仅要看现在，更要看将来。"他说，只有让娃娃爱科学、学科学，才能培养出一代又一代的科技创新人才。

新华社北京 2021 年 11 月 4 日电

最美

科技工作者

马玙

马玙：一生为患者服务

年近 90 岁的她，依旧给研究生讲课并且每周出诊，诠释了一生为患者服务的初心，她就是 2021 年"最美科技工作者"、首都医科大学附属北京胸科医院结核内科主任医师马玙。结核病俗称痨病，是一种由结核分枝杆菌感染引起的慢性传染病，除了指甲和头发以外可侵犯全身的各种脏器，但主要侵犯肺脏，引起肺结核，其症状主要是咳嗽、咳痰 2 周以上，以及发热、盗汗、乏力等。传播途径是排菌的肺结核患者通过咳嗽或打喷嚏乃至大声说话排出的飞沫被周围的人吸入，从而感染。

1955 年，马玙从江苏医学院 (现南京医科大学) 毕业后，被分配到了中央结核病研究所 (现北京胸科医院)。马玙说，"结核病是慢性传染病，好多同学都非常同情我，觉得我好像挺艰苦的，而且那时候我们的研究所在远郊区。但我觉得还可以，因为我还是有点觉悟的，我认识到这是关系国家和人民健康的事情。而且我有一个想法，越是艰难的事情越有可开拓的希望。"带着这样的信念，马玙在结核病诊治和研究领域已走过了66个年头。20世纪五六十年代，马玙等在鼻导管治疗方法的基础上，改进了定向肺导管治疗技术——用不锈钢丝做成弹簧圈，套上富有弹性的橡皮管，前端系一条尼龙丝，在X线引导下直达患者肺部空洞，直接注射药物，提高了空洞闭合率。

随着医学的发展，结核病已成为可控、可治的疾病。及早治疗、联合治疗、足量治疗、全程治疗、规律治疗，这是我国结核人多年总结的20字方针。"越早治疗效果越好，其次是结核菌太顽强，需要很多药物的联合治疗，并且用药要足量，不能少量，并且得全程遵循规律地治疗。"对此，马玙解释道，"我经常同病人说，这是一个长期的斗争，我和你是同一战壕的战友，我们的共同敌人是结核病。我们作为医生要理解病人的痛苦，他们需要同情、关怀、沟通和鼓励。"马玙有很多细小却暖心的行医习惯，每次听诊前，她会用手把听诊器捂热；听完前胸听后背时，她会自己走到患者背后……马玙说，"我觉得我们医生第一要做到理解病人，第二是关怀病人，第三是帮助病人。我们作为医生不要总是感觉在付出，其实也在收获，分享病人痊愈

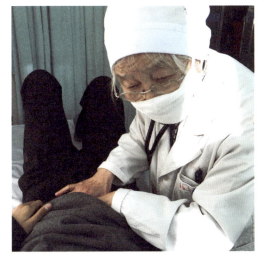

▲ 马玙在给患者做触诊

的喜悦也是一种激励，这也符合辩证法。有一个我 58 年前治疗过的病人，我们已成为了好朋友，到现在还有联系。"

"十三五"期间，全国结核病疫情持续下降，发病率从 65/10 万下降到 58/10 万。全国共发现和治疗 370 万名结核病患者，治疗成功率保持在 90% 以上。公众可能仅对肺结核比较熟悉，但在结核病中，肺结核仅是其中之一，还有诸如淋巴结结核、结核性胸膜炎、结核性心包炎、结核性脑膜炎等，且肺结核也可分为原发性肺结核、血行播散性肺结核、继发性肺结核等。"我刚毕业分到结核病研究所的时候，很多人觉得搞结核病研究没有意思，那时都说'十痨九死'，能治疗结核病的办法真的不多。"马玙说，"结核菌是一个非常顽强的细菌，它能感染我们全身所有的脏器，结核科医生不仅关注肺，还要诊治全身各脏器的结核病。比如结核性脑膜炎就是致命的，结核性脑膜炎的病人甚至会留下很多后遗症，譬如说引起偏瘫等。在这个意义上说我们也应是全科医生了。"但是在临床工作中马玙强调鉴别诊断是正确诊断的基石。譬如 X 线胸片或肺部 CT 出现异常阴影时有各种可能的病因需要鉴别，再譬如经常口腔溃疡或者扁桃体发炎，这种病人经常在颈部、颌下有淋巴结肿大，这是属于慢性感染性的淋巴结炎，就需要排除颈淋巴结结核的可能。在结核病的鉴别诊断方面，马玙搜集了大量的临床资料，通过实践撰写出百余篇中英文论文，并主编了多部书籍。

"只要人民需要，国家需要，我就继续努力。"这是马玙常说的一句话，她表示，今后她也将为结核病诊疗方面继续发挥余热。

新华网北京 2021 年 11 月 5 日电

马玙：结核病研究一线的守望者

◎ 孙明源

　　"有个 58 年前的病人，现在还在联系我，感谢我。"获得 2021 年"最美科技工作者"荣誉称号的首都医科大学附属北京胸科医院主任医师马玙已近九十高龄，在过去的 60 多年间，她一直在结核病防治领域深耕，从事诊治、科研和教学工作。在结核这种最难缠的传染病面前，马玙"一站"就站到了今天。

　　"很坦率地说，作为一名临床大夫，得到'最美科技工作者'的称号，我有点不好意思。作为临床医生，我的主要工作是诊治病人，和纯搞科研的人不能比，我在实验室做的科研工作，主要是和我的一些研究生做的部分工作，如血清学、免疫学、分子生物学等有辅助诊断价值的技术。"在常年投身一线工作的马玙心上，"科技工作者"这 5 个字总是感到沉甸甸的。

　　1955 年，从学校毕业的马玙被分配到北京结核病研究所工作。虽然名义上属于北京，但是研究所的实际位置是通州，在当时还算偏远的东郊。20 世纪 50 年代，中国结核病疫情十分猖獗，在各类传染病中又是出了名的难医顽疾。在这项注定艰辛甚至存在被感染风险的事业面前，马玙没有退缩，更没有逃避，结核病这个研究方向从此成了她毕生的志业。

作为一名临床医生，"搞研究都是逼出来的。"回忆起自己的科研工作，马玙感慨道。

在马玙刚参加工作的 20 世纪中叶，全球对结核病可用的治疗方法不多。"灵丹妙药"无处去找，在结核治疗当中，耐药是一个十分关键的概念。有的病人耐一种药，还有很多病人耐多药，甚至有些病人因为经历过不规范治疗出现全耐药。在为病人作诊断时，传统的细菌学方法是在培养基上研究病原体的耐药性，这种方法实验流程长，获取结果慢，不能及时为建立治疗方案提供有参考价值的信息。为了提升诊断效率，马玙和同事们在实验室里建立了使用基因分子生物学的技术来检测各种药物相应的耐药相关基因，给诊断耐药、及时调整治疗方针带来了很大便利。

临床科研"双肩挑"的马玙，也赶上了改革开放后"科学的春天"，有机会在美国进修了两年。20 世纪 80 年代，我国开始授予硕士和博士研究生学位，马玙当上了博士生导师。基础扎实、年轻有为的研究生们来到马玙身边，也为实验室注入了新的活力。实验室的规模扩大了，能做的事情也越来越多。在马玙的指导下，研究生们承担了大量工作，成了探索前沿的主力，中国结核病防治、研究的重任就这样传递了下去。"青出于蓝而胜于蓝，现在我很多的研究生基础研究的水平都比我高多了。"马玙开心地说。

马玙回忆起三四十年前，国际交流当中一件难忘的事情：有位来自美国科罗拉多州的教授曾到马玙团队的实验室参观，看到中国研究人员对各种抗结核药物耐药相关基因的研究成果，参观者拿出了照相机。当马玙问他为何要拍照时，这位美国教授回答说，他要让自己那些总是抱怨研究条件差的学生看看，中国人是怎么在这么小的实验室里做着这么前沿的研究工作的。

半个多世纪的时光转瞬即逝，如今的科研条件好了很多，但人类和结核病的斗争并没有结束。结核分枝杆菌不断产生耐药性，和新药研发持久竞逐，用马玙的话来说就是"道高一尺，魔高一丈"。但马玙也提醒说，在这场长期奋斗当中，结核病防治的十字方针并没有变，那就是治疗要坚持：早期、（多药）联合、足量、全程、规律，这 10 个字的实践不止需要医生的叮嘱和投入，还需要病人的坚持与配合。"在结核病治疗当中，医生、护士乃至患者都是同一条战壕的战友。"马玙说。

这条战壕，马玙已经守了 60 多年。

《科技日报》2021 年 11 月 9 日

"为实现终止结核病的目标奉献余热"

◎ 杨绪军

一副老花镜，一支小教鞭，手拿放大镜，仔细查看患者的每一张 CT 影像……从 1955 年至今，66 个年头，结核病防治专家、北京胸科医院主任医师马玙扎根结核病医疗临床第一线，见证了中国结核病防治事业的建立和发展。"您从事结核病诊治、科研和教学工作已有 60 多年，始终奋战在结核病防治一线，如今九十高龄仍从事临床工作，您的医者情怀令人感佩。"日前，一封来自世界卫生组织结核病和艾滋病防治亲善大使彭丽媛的回信，让这位默默奉献的老人重新回到人们的视野。

1932 年，马玙出生于江苏如皋，后随父母逃难至上海。那是一个多灾多难的苦难中国，"马路上到处都是要饭的乞丐，还有一些奄奄一息的病人，日本兵凶狠地持枪站岗、美国人开着吉普车横行霸道，有权有势的人住着别墅和花园洋房，而穷苦的老百姓只能在河边插几根木棍，搭一个简单的棚子。"目睹旧社会人命危浅的情景，马玙从小便立下志愿，要做一名医生，用医术为国人治病。

带着这样的信念，马玙如愿考入江苏医学院医疗系（现南京医科大学），1955 年毕业后被分配到中央结核病研究所（现北京胸科医院），成为一名真正的医生，开启了治病救人的征程。

最初接触结核病，马玙并没有把它放在心上。"从临床上来说，结核病的诊治相对固定，那时候我也年轻，觉得只要根据临床症状、胸部 X 线检查和痰涂片或痰培养就可以诊断了，药物也就是三四种。"马玙回忆。很快，现实就给马玙上了一课，肺结核仅仅是开始，严重的结核性胸膜炎、腹膜炎、脑膜炎以及淋巴结核、血行播散性结核耐药乃至耐多药结核病才是最棘手的。这一切，让马玙对肺结核有了敬畏之心，她下定决心，要与这个白色瘟疫战斗到底。

20 世纪五六十年代，中国结核病疫情比较严重，有效的抗结核药物很有限，看到许多肺内有空洞的患者得不到及时治疗，马玙在

▲ 马玙在研究患者病情

国内推行的鼻导管治疗的基础上，改进创建了定向肺导管治疗方法。那段时间，马玙和同事们认真钻研导管装置——用不锈钢丝做成弹簧圈，套上富有弹性的橡皮管，前端系一条尼龙丝，在 X 线引导下直达肺部空洞，直接注射药物。在当时，这是一个创举，也大大提高了治疗效果。"我认为，只有等到业务成熟后，自己才有资格加入中国共产党。"1960 年 5 月 4 日，马玙终于实现愿望，成为一名光荣的共产党员。

入党后，马玙就一头扎在了基层。在那个缺衣少粮的年代，能吃上窝头棒子面已经很不错了，蚊虫叮咬、设备老旧、药品短缺等很多不利的条件让马玙的行医路异常坎坷。队友们要背着小型 X 光机跋山涉水下乡做筛查。给农民检查、治疗、看病，碰到拿不出药费的，她们就给垫付上，而自己连一碗腊八粥都舍不得喝。

多年的基层工作经历让马玙深知，因为各种原因，结核病患者因病致贫，不少都因家境贫寒内心敏感，为了减轻他们的经济负担，马玙总是千方百计地让病人少花钱。为了照顾患者的感受，每次听诊前，她都会用手先把听诊器捂热。听完前胸听后背时，为了不让患者挪动，她会自己走到患者背后听诊。每次给老年患者做完检查，她总要扶着对方下了诊查床再去开处方，生怕患者不注意摔倒……"病人是弱势群体，做医生的不能高高在上。医生只有坚持平等待人的原则，才能给病人以尊严。"马玙经常跟她的学生说，医生最大的敌人是冷漠，最有效的处方是爱，只要态度有一点点改善，就可能改变患者的一生，就可能获得患者的认可与信任！

有一位病人右下肺发现病灶，来到北京胸科医院求治。马玙觉得不太像结核，需要观察一段时间。然而，病人看过门诊后便离开了。情急之下，马玙发动医生、护士和其他病人一起想办法，最后终于把病人找到了。病人被确诊为肺癌并及时接受手术，因治疗及时，预后效果非常好。病人家属感动地说，"只听说过病人找大夫，大夫找病人还是头一回遇到。"

很多患者成了马玙的朋友，遇到不出诊的时候，他们就直接拿着片子跑到实验室，这里成了马玙的"第二诊室"。她常对身边的同事说，"病人千里迢迢来找我看病，就是信得过我，我有什么借口要拒绝他们？"新冠肺炎疫情防控期间，医院院感防控有政策，实验室不能随意出入，碰到有需求的患者，这位九旬老人就亲自到楼下，为患者诊治，为他们耐心讲解。"为患者多跑点路，虽然辛苦点儿，但我们医生的本领也是从患者那里学到的。"

虽已 90 岁高龄，如今的马玙仍坚持每周出门诊，每周给学生上课，每周参加疑难病人会诊。"曾经有人问我，您今年 90 岁了，应该退休享受生活了，我想说，胸科医院就是我的家，党和人民还需要我，我还不想退，还要为实现终止结核病的目标奉献余热。我相信，只要努力，我们的事业一定会前进，也一定能够战胜结核病！"

《北京日报》2021 年 4 月 26 日

最美

科技工作者

毛献群

ZUIMEI

KEJIGONGZUOZHE

毛献群：用笔尖勾勒大国巨舰

◎ 都　芃

当得知自己获得 2021 年"最美科技工作者"荣誉称号时，毛献群正在进行出海海试前的隔离。她已经记不清这是自己第几次出海进行海试，但她知道，作为中国船舶集团有限公司的首席专家，这是她的职责和使命。她的工作地点不仅在办公室的设计桌前，更在辽阔大洋的船舶舰艇上。

1988 年，毛献群以优异的成绩考入上海交通大学。在选择专业时，"班主任对我说，船舶与海洋工程系是上海交大最有名的院系之一，我第一志愿就报了。"就这样，对专业尚一知半解的她闯入了船舶的世界。大学毕业，毛献群没有别的念头，"一心还是想搞我的专业"。在老师推荐下，她来到当时的中国船舶工业集团公司第七〇八研究所，在这一干就是近 30 年。

毛献群从事的是总体设计工作。总体设计涵盖舰船的方方面面，是舰船研制的基础工作，容不得一丝差错。精益求精、力求完美是她对自己的要求。毛献群印象最深的一次研制任务，是当她还是副总设计师时，某型船的研制已进展到设计后期，进入施工设计阶段，主要技术方案已经定型。但毛献群和其他工作人员发现，该船的一处设计存在细微瑕疵，"可能会导致将来的使用者用起来不够方便。"

问题虽小，但牵涉重大，涉及舰船的各个结构。"要修正这个问题，整个设计可能就要推倒重来。"设计时间紧张，改还是不改，毛献群拿不定主意，"我们都觉得有点为难"。在向总设计师汇报，并经过设计团队讨论后，最终一致决定修正这个瑕疵。"一条船制造出来可能要用几十年，如果不改，以后使用者用起来会一直觉得有点别扭。"

毛献群和同事们重新画图，各部门通力合作，最终花费了近一个月时间重新设计，只为修正这个不够完美的瑕疵。这次返工给年轻的毛献群留下了深刻印象，也让她真正认识到了总体设计

▲ 毛献群在舰船应用一线

工作高标准、严要求的工作作风，"总体设计就是要追求完美，精益求精。"

如今的毛献群已担纲过多艘舰船的总设计师，但她仍在力求完美的道路上不断前进。为了更好地提高设计水平，毛献群走出办公室，来到大海上，去往舰船应用的一线学习。2010年夏天，毛献群随海军装备调研组参与执行第六批亚丁湾护航任务。出发前还担心能否适应护航生活的她，一到舰上，顾虑便都打消了。"深入一线以后视野一下开阔了，收获了很多，真正掌握了实际应用中的需求。"

在随舰艇劈波斩浪的两个半月时间里，她深入舰船的各个部门，了解部队使用需求和装备情况，并对某舰风浪中航行情况、补给作业情况、直升机作业情况等进行记录和分析。她还对舰上官兵在舰船摇摆条件下的晕船情况以及生活居住条件的改进需求等进行深入调研，为后续舰船设计的改进提供了宝贵的第一手资料。毛献群说，参与此次护航任务，对她的工作影响深刻，"这次任务过后，我在设计时能够更多地从使用者的角度，设身处地地去思考他们的需求和问题。"她认为，从事总体设计工作，必须要去往使用一线学习调研，这是设计工作力求完美、精益求精的必经之路。

工作近30年，毛献群感受最深的，是自己赶上了国防事业飞跃式发展的大好时机。"国家越来越重视国防事业，这才有了我们个人事业发展的机遇。"同时，毛献群也相信，只有做好当下的每一件事，机会来临时才能有充足的准备去面对。

毛献群设计的舰艇先后参加过海军60周年海上阅兵、2018年南海大阅兵、海军70周年海上阅兵等重要活动，还曾作为编队旗舰参加海军赴索马里、亚丁湾的护航任务。而当毛献群看到自己设计的舰艇驶向大洋深处时，一股自豪感总会从她的心底涌出。"能成为参与祖国海军装备建设的一分子，为祖国国防事业的强大作点贡献，很幸运很值得！"

《科技日报》2021 年 11 月 11 日

获评 2021 "最美科技工作者"，她是中国船舶集团首席专家

◎ 朱奕奕

11月5日，2021年"最美科技工作者"名单揭晓，马玙、毛献群、冯益柏、庄文颖、刘家富、李德仁、吴尊友、沙国河、易志坚、赵淳生 10 位来自科研生产一线的科技工作者获此称号。

其中，毛献群是自上海 6 部门参加"最美科技工作者"学习宣传活动以来，连续 3 年推荐的候选人中唯一的入选者。

乘风破浪，用笔尖勾勒大国巨舰，她是上海领军人才、船舶设计大师，现任中国船舶集团首席专家，身为一名 70 后，却已经投入科研事业 20 余年。

立志强军报国

年少时，毛献群的心中就有一个强军强国梦。1988 年，她以优异的成绩考取了上海交通大学，就读船舶工程专业，大学毕业之后

进入第七〇八研究所，开始了长期、艰辛的舰船总体研究设计工作。

舰船设计工作是个系统工程，涉及总体、结构、动力等各方面知识，要想全部掌握甚至精通，难度非常大，毛献群的目标就是多参与多学习，尽力涉猎更多领域，她认为这是作为总设计师的必备技能。她在学习过程中有个好习惯，那就是记笔记，她将每天所学所思逐条记录下来，时不时翻阅巩固，时间久了，笔记本积累得越来越多，她的知识面也愈加宽广起来。

在繁忙的工作之余，毛献群还抓紧点点滴滴的时间，学习船舶理论知识。2000年，她重返校园攻读在职研究生。在读研期间她和时间赛跑，出色地完成了全部课程，获得了工程硕士学位。"舰船知识更新很快，一旦故步自封，创新乏力，就会被时代淘汰。"毛献群如是说。

笔尖勾勒"大国巨舰"

在二十余载科研生涯中，毛献群主攻两栖登陆舰艇总体研究设计工作，主持负责了多项海军型号科研、预研课题研究任务，先后担任了海军某型船的总设计师、海军某基地交通渡船总设计师、国家重点型号产品某型登陆舰总设计师等重要技术工作，主持并参加了某舰的课题研究。

在担任海军1000吨水船总设计师期间，毛献群和其他设计师一起刻苦攻关，不仅圆满完成了任务，还对船尾线型进行了反复优化分析对比及试验研究，一举解决了困扰该船型多时的航行中尾部异常噪声问题。

　　国家重点型号产品某型综合登陆舰是我海军研制的具有大规模、远距离、立体投送陆战部队能力的新型战舰。

　　毛献群作为该舰的副总设计师，她带领研发团队一举破解多项技术难题。该舰交舰后多次参加海军重大任务，参加了海军60周年海上阅兵仪式，作为编队旗舰参加了海军第六批索马里亚丁湾护航的"蓝盾行动"任务。

　　在研制过程中，为了得到第一手资料，毛献群和同事们走遍了大江南北，从哈尔滨到湛江，了解海军作战指挥部门的作战需求，听取有关院校的有益建议、走访使用部队，调查了大量系统设备研制单位的科研实力，并在大量分析计算、试验研究的基础上形成了该舰的初步方案。

　　没有母型船，她一笔笔勾勒出船的线型，对船艏、船艉等关键部位不厌其烦地反复优化，和试验人员商议如何才能设计出阻力小、跑得快而又有舒适的航行性能的最佳船型。

　　对于毛献群来说，科研之路更像是一条不回头的单行道。她克服重重困难，在大国军舰上留下自己奋斗过的痕迹。

澎湃新闻 2021 年 11 月 5 日

向海图强，研发一流舰船

2021 年 6 月，中国船舶集团首席专家、中国船舶集团第七〇八研究所首席专家研究员毛献群被授予中央企业优秀共产党员荣誉称号。这一沉甸甸的荣誉，饱含了毛献群在我国舰船研发设计领域三十载的辛勤耕耘。

作为一名舰船总设计师，一艘艘大国巨舰从她的笔尖走出来，将强军强国梦勾勒成了现实。

党建引领，发挥先锋模范作用

创新攻坚的任务在哪里，战斗堡垒就建到哪里。在繁忙的科研生产工作之余，毛献群始终牢记习近平总书记的嘱托，注重政治理论学习，坚定研发一流舰船的使命，很好地发挥了优秀共产党员的先锋模范带头作用。

▲ 毛献群与同事交流技术问题

某舰任务执行以来，为打造精品工程，七〇八所党委探索成立了某舰航行试验临时党支部，将堡垒建在项目工程最前沿，确保"单位发展到哪里、工程推进到哪里，党的建设就跟进到哪里、党旗就飘扬在哪里"。

作为临时党支部的副书记，毛献群始终坚守一线，充分发扬"钉钉子"精神，积极参加各项试验的报验工作，与团队一起克服困难完成了一次又一次的技术攻关，为任务及后续工程建设筑牢了坚强的"红色堡垒"，得到了船厂、部队以及参试单位的一致好评，为该舰的顺利交付奠定了坚实的基础。

在某舰试航任务中，受寒潮影响严重，舰船只能在锚地停锚，为确保在预期的时间内顺利完成任务，毛献群带领团队常居一线，与部队、船厂、设备商等深入交流探讨，常常忙碌至深夜，为试验顺利完成迈出了重要一步。刚经历完第一波寒潮，正当总体性能试验项目有条不紊地进行之际，又接到消息，在未来一周内将会经历第二次寒潮，刚喘过一口气的他们又绷紧了神经，终于在有限的时间内高质量、高效率完成了总体性能试验任务。

刻苦钻研，笔尖勾勒大国巨舰

舰船研发是个系统工程，涉及总体、结构、轮机等方方面面，要想研发一艘大型舰船，其难度更是几何级的增加。

在舰船研发中，毛献群发扬"胸怀祖国、献身军工"的远望精神，不畏艰难，刻苦攻坚，主持研发了人民海军多型舰船，她用笔尖美丽的线条勾勒出一艘艘大国巨舰，为我国海军装备的跨越式发展作出了突出贡献。

某型登陆舰是我国第一艘该类型舰，为了实现海军机关的零风险要求，毛献群走遍了大江南北进行调研，并在大量分析计算、试验研究的基础上形成了该舰的初步方案。

某大型舰是海军重点研制装备，具有重大的政治影响和军事影响，毛献群作为该舰的总设计师，在研发设计过程中，跟踪专业科技发展前沿，强化技术抓总和综合协调，带领团队攻克了特殊船型带来的多项技术难题，以世界瞩目的速度完成了某大型舰的研制，并顺利通过性能验证试验考核。该舰的研制成功，填补了国内装备空白，使我国快速跻身少数自主研制某大型舰能力的强国之列，大幅提升了人民海军的两栖作战能力、体系作战能力和远海作战能力。

在舰船研发中，毛献群善于调研，始终站在使用者的角度进行研发设计工作。她曾跟随某舰执行第六批亚丁湾护航任务，彼时她参与了海军装备调研组，随舰出航，历时两个半月，行程一万海里。

作为女同志，她克服诸多不便，深入舰船的各个部门，了解部队使用需求和装备情况，完成了某舰风浪中航行情况的记录和分析、补给作业情况记录和分析、直升机作业情况记录和分析、人员在舰船摇摆条件下的晕船情况调研、某舰生活居住条件改进需求调研等多项工作，为后续舰的改进提高提供了宝贵的第一手资料，得到了随舰官兵的一致好评。

"对于我们舰船研发人员来说，就是要始终以习近平新时代中国特色社会主义思想为指导，不断提升创新驱动力，把党建工作的成效春风化雨般地融入科研生产，变独奏为合奏，激发出广大科研人员的技术创新发展活力，真正担负起研发一流舰船的使命任务。"毛献群说。

中国船舶集团网站 2021 年 8 月 19 日

最美

科技工作者

冯益柏

ZUIMEI KEJIGONGZUOZHE

冯益柏：打造"陆战之王"的幕后功臣

◎ 陈　瑜

因为患上严重的渐冻症和重症肌无力综合征，曾任中国兵器工业集团有限公司首席专家、内蒙古一机集团董事的冯益柏没能出现在 2021 年"最美科技工作者"颁奖现场。

"疾病虽然改变了我的生活，但我热爱坦克事业的初心不变。"前几年，在接受媒体采访时，冯益柏曾深情地说，"如果再让完成一个心愿，自己还将带领科研团队再搞一个世界一流的主战坦克。"

主战坦克是世界各国陆军装备的主要突击力量，被誉为"陆战之王"。作为 8×8 轮式战车和 VT-4 主战坦克总设计师，冯益柏在强军报国的路上一干就是 36 年，也是打造"陆战之王"的幕后功臣。

住院期间，他始终关注着新一代车型的发展走向。"干了一辈子军工行业，一看到研发出的主战坦克、轮式战车就有一种说不出的感情，就像自己抚养的孩子一样，感情很深、热爱程度也很深。"

比肩世界一流

2009年，国庆60周年阅兵式上，历经10年自主研制的8×8轮式步兵战车首次亮相，接受了党和人民的检阅，展示了中国的国防实力。

从招标到试制，从寒区试验到顺利交付，冯益柏和团队倾注大量心血，"当初没有任何借鉴，完全是依靠自己一点一点悟出来、摸索出来的，现在想起来心情依然澎湃，久久不能释怀，对它的情感太深了，不是一两句话能够说清楚的"。

2005年冬天，8×8轮式战车研制，冯益柏的团队奉命赴东北进行寒区试验。零下42摄氏度的野外，天寒地冻，冰雪覆盖的试验场，战车出现问题，人的耐寒力几乎到了极限，许多人冻得手脚红肿。副总设计师刘勇着急万分，嗓音嘶哑着给冯益柏打电话汇报情况。

▲ 冯益柏在寒冷的试验现场察看产品研制进展

冯益柏当即赶往试验现场看望大家，并鼓励大家："战车正处于科研阶段，试车的目的就是发现问题，把问题找出来就是成功的一半。"并充满激情地和大家一起齐唱"不经历风雨，怎么见彩虹"。在他的感召下，队员们备受鼓舞，坚持把试车任务圆满完成。

新装备研制总会遇到各类问题。遇到问题时，士气难免低落。这时冯益柏就给大家打气：装备科研是不可能不出问题的，出问题是好事，符合科研规律，科研试验就是要试出问题，出了问题只要我们记录下来，拿回去改进，再来验证我们的改进情况，这就是搞科研的过程。

在一机集团的厂房里，在寒风刺骨或烈日炎炎的试验场，历经一年没日没夜的攻关，冯益柏带领团队对 8×8 轮式战车不断改进，圆满通过了各类试验。

8×8 轮式战车的研制成功，不但填补了国内的空白，还有效地提高了我军的快速反应能力，整体技术达到了国际先进水平，而且在一些突出的方面还超越了发达国家的同类技术。

给坦克装上奔跑的"中国心"

20 世纪 80 年代末，内蒙古一机厂（一机集团前身）开始着手研制一款能够外贸出口的主战坦克，在突破了一系列问题难点之后，于 1991 年研制成功。无论从哪方面说，这款坦克都不逊色于同时代的其他对手，但当时动力舱还依赖进口，这成为一根刺扎在冯益柏心里。

核心技术如何攻克？冯益柏认为，"天上不会掉馅饼，做好研发技术工作，只有专注做好每一件事"。

经过几年攻关，冯益柏带领团队研制出全新的 VT-4 外贸主战坦克。VT-4 不但采用了全新的国产动力舱，还在造型上大量应用了最新的工业设计，坦克炮塔抛弃了传统的四面体造型，采用了与众不同的像宝石一样的多棱体造型。这样的设计有效提高了炮塔的防护性能，还能体现出坦克的威武。

2012 年，跳动着中国心脏的 VT-4 终于在包头总装车间下线。凭借自主研发的动力舱，VT-4 不仅打破了西方的垄断，也使中国坦克的军工实力跻身世界一流水平，在与世界各著名坦克的同场竞技中，多次取得优异的成绩，成为我国性能最先进的外贸型主战坦克之一。

之前媒体采访时，冯益柏曾谦虚地说，既然热爱并选择了军工装备这一行，总要搞出点名堂来，总要给国家国防工业实实在在做点事。

《科技日报》2021 年 11 月 18 日

兵器专家的铁甲情怀

——内蒙古一机集团原坦克设计专家冯益柏访谈

◎ 李　玥　刘英瑛　王燕斌

　　冯益柏，1953 年 4 月生于北京，毕业于北京理工大学车辆工程专业，硕士学位。曾任中国兵器工业集团首席专家、内蒙古一机集团有限公司董事、科技发展规划委员会主任、中国机械工程学会常务理事、北京理工大学教授、研究员级高工。相继担任 8×8 轮式步兵战车系列总设计师、VT-4 主战坦克总设计师，从事坦克装甲车辆专业领域工作 30 余年。兼任中国兵工学会坦克装甲车辆专业委员会副主任委员等职务。

　　在多次阅兵式上，兵器工业集团公司生产的坦克展示了国威军威，体现了兵器工业系统的科研成就，也成为包头人、一机人的骄傲。冯益柏就是这个研发设计团队的总设计师。在内蒙古自治区成立 70 周年之际，我们一起走近这位老专家，听他讲述与重装兵器结下的深情厚谊。

　　记者：冯总，您好！一机集团又名 617 厂，是全国乃至全世界

重要的大型军工企业集团，您作为首席专家，是企业技术领域的灵魂人物，是新一代外贸主战坦克的总设计师，是我国 8×8 轮式步兵战车系列装备之父。我们想请您聊一聊几十年来装备研制中令人难忘而又感人的故事，从这个侧面让广大读者更好地了解军工事业、认识一机集团。

喜欢军事的朋友们都知道，主战坦克是世界各国陆军装甲师和机步师的主要突击力量，是名副其实的"陆战之王"。在 96 式、99 式坦克的研制生产中，您均扮演非常重要的角色，您能和我们分享一些坦克研制过程中的艰辛故事以及您最难忘的事情吗？

冯益柏：毋庸置疑，主战坦克在地面装甲突击车辆中处于核心地位，可以说，目前现代坦克在陆军中的作用仍然没有任何一种武器能够取代，因此，陆军中主战坦克仍起着主导作用。说起主战坦克，一机集团应该是我国主战坦克发展历程的见证者，也是实践者，是我国主战坦克研制生产基地。一机厂从 1958 年生产出第一辆 59 式坦克，结束了我国不能生产主战坦克的历史。59 年来，已经走出了一条从无到有、从弱到强的艰辛探索和不断创新之路，这包含了几代人的艰辛努力。所以说，一机集团的坦克发展史也就是共和国的坦克发展史。

记者：一般来说，根据当时的水平研发一款新型坦克需要多长时间？

冯益柏：与研发一般的工业产品不同，军事装备的研发周期，由于装备的特殊需求和战场实战化的高技术指标要求，使得武器装备的研制周期一般都需要 6—8 年，甚至是更长的时间。其中，一些新机型、新技术的问世，理论上的研制时间应该更长一些，至少应该在 8—10 年的时间。

记者：这个研发过程压力大吗？

冯益柏：压力非常大。想在最短的时间内提供样车进行表演试验，以便更好地调整、改进，争取圆满实现各项设计要求，就要承受住压力，变压力为动力，在保证质量的前提下，最大限度地加快研发以及出车的进度。

技术含量高、研制难度大的坦克，要在很短的时间里研发和批量生产，在当时的条件下是极其困难的，但在广大科研人员的艰苦努力下，攻克了难关，成功研制出我国第二代外贸坦克，实属不易。

记者：听说在装备研发过程中，一个落后的传动装置始终是您忘不掉的一个心病？

冯益柏：当时固定轴式传动装置在业内是比较落后的，也是我们在技术创新中一个挥之不去的心结，一个机型的装备在一次表演试验中只行进了 200 公里就因变速箱故障而失败，给参加研制的工程技术人员留下了抹不去的遗憾。

记者：那后来的进展如何呢？

冯益柏：研发技术的瓶颈，也更加激起了我们技术团队的斗志，为了攻坚克难，冲出重围，我们下决心非要把这个卡脖子难题攻克了不可。于是，又是无数个日日夜夜、没日没夜，用现在的话说就是"5+2""白＋黑"，反复地试验，一次次艰苦卓绝地与设备、技术和团队智力、体能战斗，最终通过技术攻关和多项改进成功解决了，现在回想起来依然让人热血沸腾。我们的技术团队也在这样的挑战和机遇中检验着一机人团结向上的团队精神，勇气、技术和作风都得到了历练。

▲ 冯益柏及其团队进行战车研制技术攻关

记者：您说研发99式坦克用了15年时间，可以说是15年磨一剑，您觉得在铸剑过程中最重要的是谁？

冯益柏：三代坦克的总设计师是兵器科学研究院的副院长祝榆生老先生，由他主导研制的三代坦克的部分成果已经移植到其他主战坦克上，他为三代坦克的研制以及我国坦克装甲车辆的进步发展作出了突出贡献。

记者：那在研制这些坦克和它们的升级版期间有什么最令您难忘的事情？

冯益柏：太多了，每一件事都令人难忘，至今还历历在目。我的助手是当时的项目总体组长、现任一机集团副总经理的曹福辉，在试验场，他带领22名核心骨干人员昼夜奋战，吃住在现场，工作在现场。坦克原地发动喷出浓烈白烟，技术与装配人员席地而坐讨论问题，总装厂房深夜灯火通明，项目团队熬过了常人难以想象的困难，与时间赛跑，挑战自己的身体极限，利用 7 天时间，共同见证了坦克样车的诞生。当样车发出低沉的轰鸣声缓缓驶出厂房时，在场的所有人员都激动万分、热泪盈眶，这是经历了太多次试验攻关失败而获得成功后的一种喜悦，是我们的厂、我们的国家强大的喜悦和自豪。

记者：军工人的家国情怀着实令人感动、令人震撼，真是敬佩你们这种军工敬业精神以及您带领的这支优秀团队的凝聚力。

冯益柏：当然，也有士气低落的时候。比如遇到质量和可靠性等问题，天天修车，团队里每一名成员的热情都降到了低点。那时我就给大家打气：装备科研是不可能不出问题的，出问题是好事，符合科研规律，科研试验就是要试出问题，出了问题只要我们记录下来，拿回去改进，再来验证我们的改进情况，这就是搞科研的过程，俗话说不经历风雨哪能见彩虹呢！结果科研团队从试验回来后，认真梳理问题、分析问题，制定改进措施，再次进行试验，零故障顺利通过考核。

记者：你们真了不起！经历了那么多艰难付出，收获了丰富的成果，对这些亲手设计研制出的装备您一定有一种特殊的感情吧？

冯益柏：既然热爱并选择了军工装备这一行，总要搞出点名堂来，总要给国家国防工业实实在在做点事。说心里话，我干了一辈子军工行业，一看到我们研发的主战坦克、轮式战车就有一种说不出的感情，就像自己抚养的孩子一样，感情很深，热爱程度也很深，特别是 8×8 轮式步兵战车，在研制当初几乎没有任何可借鉴的，完全是依靠自己一点一点悟出来、摸索出来的。在这方面付出的太多了，现在想起来心情依然澎湃，久久不能释怀，对它的情感太深了，不是一两句话能够说清楚的……

记者：您是不是从小就喜欢军工这一行业啊？

冯益柏：也不是，我年轻时没有那个意向，是后来慢慢喜欢上的。我们家是军工世家，我父亲从新中国成立前就开始搞军工了。我父亲是美国留学回来的，那个时期，有一腔报国的热血。当时他参加并负责筹建五机部六〇研究所，最初所址在北京通州，后来几个人一商量，包头坦克厂少，应当在工厂附近搞研究，结果就迁到包头了。那时候一直觉得我父亲很崇高。

记者：那您是自己学的还是在学校学的？

冯益柏：在军工行业中，应该说自学占很大部分，很多都是我通过实际承担项目的一个角色后不断压担子锻炼成长起来的。

记者：您干了一辈子坦克事业，有啥感触呢？

冯益柏：我在坦克事业上一干就是36年，几乎经历了二代、三代主战坦克的研发全过程，为8×8轮式步兵战车系列的研发投入了全部精力，但感觉就是时间过得太快，贡献还是太少，还想继续再干一番事业，但岁数不饶人，已经超过了退休年龄，现在看着我培养的年轻人都逐步成长起来，心里感到十分欣慰。去年我患上了重症肌无力，目前还没有完全康复，疾病虽然改变了我目前的生活，但我热爱坦克事业的初心不变，心中始终关注着由我呕心沥血研制的新一代机型的发展走向，如果再让我完成一个心愿的话，我还将带领科研团队再搞一个世界一流的主战坦克。

记者：您对这些战车一定很有成就感。

冯益柏：这个肯定是会有的，从内心来说它们就像是我一手养大的孩子，看到它们正发挥着巨大的作用，我感到既自豪又欣慰，我觉得只要它们在，一切都可以放下。

记者：所以说每一个军事装备的背后都凝聚了军工人很多的心血和付出。您在这个岗位上是很有成就的，那您的孩子也是在这个领域工作吗？

冯益柏：过奖了。我儿子他是做军贸工作的，在北京的北方工业公司从事军贸技术管理。

记者：那您家可以说是三代军工人了。做了这么长时间的记者，您的事迹真的让我感动了，我看到了你们这一代老军工人的敬业和奉献精神。每当您说到您设计的车或者零件，就能看出来您对它们的热爱，您那种溢于言表的感觉真的感动了我们。如果时间再慢点，您还能给军工事业作更多贡献。

冯益柏：我觉得做得还不够，本来还有一些科研项目我要继续发挥余热，但目前我的身体状况不好，话都说不清楚，只能搁置了。一想到坦克、轮式战车，我总觉得还有许多未了的想法，现在想来还有不少遗憾，但时间过得太快，一转眼都是 60 多岁的老人了……

记者：冯总，同龄人很少有您这样辉煌的成就。您把一生中最美好的时光、绝大部分精力都奉献给了铁甲，一家三代为我们国家的军工事业无私奉献，太感人了。当今天的采访变成铅字，包头会因为有你们这些默默无闻的军工英雄而骄傲。我们的采访马上要结束了，再次感谢您和我们分享您及家人、同事们的感人故事，祝愿您早日康复！

包头新闻网 2019 年 9 月 26 日

最美

科技工作者

庄文颖

庄文颖院士：用半个世纪开辟我国真菌学新天地

◎ 马爱平

"没想到我能入选！非常感谢大家对我和我所在学科——'真菌学'的认可。'真菌学'不是很多人都了解，得到公众认可，可以使我们这个学科更好地发展。"

在 2021 年"最美科技工作者"荣誉榜上，有中国科学院院士、中国科学院微生物研究所研究员庄文颖的名字。在"真菌学"这一浩瀚领域，她倾注 48 年光阴，夙兴夜寐，用自己的行动照亮了我国真菌学研究的前进之路。

1948 年，庄文颖生于北京，她几乎是与共和国一道成长、发展的一代人。1973 年，因充分的学业准备，她进入山西农学院（现山西农业大学）学习，就此打开了她认知真菌世界的大门，并且她潜心向学、心无旁骛。1978 年，她考取了恢复高考后的第一届中国科学院研究生院（北京）真菌学专业硕士研究生，投入到她热爱的真菌学研究中。1983 年，作为访问学者，庄文颖前往美国康奈尔大学交流学习。回国后，她就迅速投入子囊菌部分类群的资源、分类、DNA 条形码、分子系统学等方面的综合研究。

学习成了她最大的乐趣，任何与学习无关的事情在她看来都是对于生命的浪费，无论是在美国深造，还是在国内工作，她都将休息时间压缩到非常苛刻的地步，将更多时间和精力用于科学研究。她说："我要把失去的 10 年追回来。"

从事真菌学研究 48 年，一步一步，有条不紊，庄文颖带领团队逐渐走上真菌学领域研究的国际前沿。在她和团队的努力下，我国具有广泛应用潜力的木霉属真菌资源状况面目一新，发现和筛选出了有应用前景的菌株。

庄文颖始终秉持严肃求实的科学精神，不盲从权威，不迷信教条，栉风沐雨，铁鞋磨穿，努力摸清我国真菌资源的家底。她带领团队在我国 26 个省区进行野外考察，研究了 39 个国家和地区的大量材料，发现新科 1 个、新属 13 个、新种 360 余个，澄清大量分类和命名问题；独立完成 3 个属的世界专著性研究，分类学观点受到国际同行普遍采纳，使我国部分类群的物种数量倍增。

除了严格要求自己，庄文颖还严格要求年轻的科研人员和学生，她深爱着他们。她说："在实践中钻研探索，不怕吃苦，研究中敢于闯荡陌生的领域，才会得到一些意外的收获。"庄文颖严谨求实、低调谦虚的治学态度感染了一众青年科研人员和学生。

鉴于她被国内外公认的学术贡献，学者们以她的名字命名了真菌新属——文颖盘菌属和细菌新属——海庄文颖氏菌属。她 3 次当选国际真菌学会执委，是该组织成立以来的首位中国籍执委，同时是美洲真菌学会外籍荣誉会士的首位中国籍当选者。

年逾七十，庄文颖仍旧积极致力于提高全民科学素质，努力为科学普及工作尽己所能。作为《中国大百科全书》第三版生物学编委，她组织并参与了真核微生物条目的撰写；她步入中小学课堂并在"首都科学讲堂"、中组部干部网络学院等公众平台授课，视频课观看量累计超 335 万人次。

"最美科技工作者"评委如是说："回顾庄文颖数十年以来的科研工作，无私奉献精神是她身上最耀眼的品质，是支撑她科学成就的重要精神力量。她所赢得的崇高学术声望，源于她高尚的人格风范。她治学严谨、淡泊名利、虚怀若谷、提携后学，推动了中国乃至世界真菌学科的发展，将中国真菌学引领至世界先进水平。"

《科技日报》2021 年 11 月 5 日

她是真菌界的最美"玫瑰"

◎ 冯丽妃

和真菌学这位"老朋友"打了近半个世纪的交道，她爬过26个省份的荒山野岭，背过无数的真菌物种，辨认出360多个新种，数十年如一日甘坐"冷板凳"倾心续写中国真菌学的历史长卷。

很多人称她是真菌界的"玫瑰"，但中国科学院院士、中国科学院微生物研究所（以下简称微生物所）研究员庄文颖觉得自己就是一个普通人。最近几个月，因为先后获评朝阳区、北京市和全国"最美科技工作者"，她平静的工作被打破了。面对随之而来的一波波采访报道，鲜少谈及个人事迹的她，将此当成了为真菌学作科普的舞台。

坐公交、拎布袋去领奖

11月5日，在庄文颖与其他9位科技工作者当选2021年"最美科技工作者"的消息公布后，有一件小事在微生物所不胫而走：她去中国科技会堂领奖，不让接送，自己坐公交车去。拎个布袋子，里面装着西服，怕弄皱了。

记者近日在采访庄文颖时提及此事，她直言："我家靠近城里，家门口有公交车站，不用换乘就能到，挺省事的。所里若派车送要绕很长的路，何必呢？"

"低调谦虚""淡泊名利""求真务实"……在11月8日微生物所举办的"弘扬科学家精神、共创真菌学美好未来"座谈会上，许多同事谈起自己眼中的庄文颖时如是说。

工作中的她严谨细致、一丝不苟；生活中的她和蔼、爽朗、简朴、低调，这样的庄文颖让身边的同事敬爱有加。

入行已48年，每每谈起真菌学，庄文颖总会兴致勃勃、神采飞扬。深奥难懂的真菌学用她的话说出来总是那么"接地气"。

"你抓一把土，里面就有很多真菌。"她向中国科学报记者介绍。在庄文颖的眼里，真菌就如同一座宝库。例如，人类发现的第一个抗生素青霉素就源自真菌，它使得人类平均寿命从40岁增加到60岁；作为独特的生物资源，真菌在国家脱贫攻坚战役中发挥了举足轻重的作用……

"无论是有益资源利用，还是有害物种防范，真菌资源的多样性调查都十分重要。"庄文颖说，"打个比方，口岸检疫常发现其他国家进口物品存在问题，例如携带有害微生物，如果我们不能识别，一旦有害生物入侵便会对我国生态环境、农业生产和经济发展造成损失。所以必须有一支精干的分类学研究队伍，不断发掘真菌资源和认识真菌多样性。"

"我们并不比别人差"

"虽然在某些方面我们国家的底子薄、基础弱，但中国人并不比别人差，通过我们的努力也可以把它（真菌分类学）做好。"不久前在和中国科学院大学（以下简称国科大）本科生座谈时，同时担任该校博士生导师的庄文颖曾如是激励青年学子。她用数十年的行动践行着这句话。

1968 年，20 岁的北京姑娘庄文颖到山西农村插队，劳动之余，她一有时间就读书。1973 年，她如愿进入山西农学院（现山西农业大学），毕业后选择留校从事植物病理学研究。其间，她了解到 70%的植物病害是真菌造成的，并对相关研究产生了兴趣。

1978 年，而立之年的她考入中国科学院研究生院（国科大前身），师从微生物所研究员、著名菌物学家余永年，走上真菌学研究之路。

野外科考、采集标本、撰写书稿……庄文颖的才能和实干让余永年对她寄予厚望，期望她能为我国真菌分类研究打开新局面。1983 年，在课题组人手紧缺的情况下，余永年积极支持将她派往美国康奈尔大学进修学习，并攻读博士学位。在那里，她将休息时间压缩到非常苛刻的地步，迅速掌握了真菌学的最新研究方法，发表了多篇文章。

"我出国的时候目的很明确，努力学习国外先进的研究方法，掌握本学科的基础知识，希望通过我的力量将真菌学研究做好。"庄文颖说。

回国后，她带领团队不断奋斗，逐渐走到了真菌学研究的国际前沿。

多年来，庄文颖带领考察队走遍全国 26 个省区，采集了大量标本；研究了 39 个国家和地区的真菌材料，发现了新科 1 个、新属 13 个、新种 360 余个，澄清大量分类和命名问题；先后主持"中国孢子植物志的编研"等 20 余个重大科技专项，发表文章 290 余篇，撰写主编著作 9 部，使我国部分类群的物种数量倍增。

这些耀眼的成绩也让她蜚声国际。学者们以她的名字命名新发现的菌种，如"文颖盘菌属""海庄文颖氏菌属"；她是《真菌字典》1943 年问世至今首位参与编写的中国籍学者；她 3 次当选国际真菌学会执委，是该组织成立以来的首位中国籍执委……

年逾古稀的她，现在每天清晨仍会雷打不动地到岗工作，编纂书稿、翻阅资料、指导学生。

▲ 庄文颖在自己的办公室。她在这里潜心研究，为国家的真菌事业作贡献

庄文颖的办公室只有十几平方米，除了一张摆放电脑和显微镜的书桌外，另一张书桌、小茶几上和几个铁皮书柜里整整齐齐地摆满了各种和真菌有关的书籍资料。那几个铁皮柜都是十几年前跟着她从微生物所的中关村旧址搬到现在的中科院奥运村园区的，有的已经被太阳晒得变了色。简朴、整洁的陈设赋予这个小天地一种与世隔绝的宁谧，让人一踏入就能回归内心的平静，沉心科研。

"庄先生不注重名利和物质生活，求真务实，不断探索，为国家的真菌事业作贡献，这就是科学家精神。"国科大常务副校长王艳芬说。

"兢兢业业做学问"

"像老一辈科学家一样，兢兢业业地做学问。"这是庄文颖心里的科学信条。

庄文颖的老师余永年是我国真菌学奠基人、中国科学院院士戴芳澜的学生。他一直谨记老师的教诲："真菌学要发展，学报、学会和真菌志等都要做，没有条件要创造条件做。"

2010 年，87 岁的余永年已身患癌症，但仍奋力组织全国几十个科研机构和院校的学者撰写中国菌物学的百年研究史。"我自认为是勤奋上进的，一息尚存，就不会忘记戴芳澜老师对我的教导，为我国的菌物学奉献力量。"2015 年，余永年病逝后一年，庄文颖等人继续他未竟的工作，使《中国菌物学 100 年》正式出版。

沿着前辈们走过的路，庄文颖在真菌学的历史长卷中续写着新的篇章。

为摸清我国相关生物资源的家底，1973 年《中国孢子植物志》的编研工作起步。《中国真菌志》作为其 5 个分志之一，于 1987 年出版第 1 卷。"目前我国已知菌物 2.1 万余种, 40 年中增长了 3 倍。《中国真菌志》已出版 62 卷，包含 905 属 8873 种真菌。"庄文颖向记者介绍。

庄文颖很早就跟着余永年参与到志书的编纂工作中，现在的她任《中国孢子植物志》副主编，并主管《中国真菌志》，负责为每个卷册把好最后一道关。很多同事觉得她眼睛尖，其实每一个问题的发现她都下了很大功夫。"卷册主编和参编人员花费 10 余年的时间编纂一卷志书，出版前需要细致、认真地把关，完成终审，才能保证志书的高质量出版。"她说。

在庄文颖的办公室还有余永年留下来的一个蓝色铁皮暖壶，保温已经不是太好了，但她还在用。

睹物思人，老师当年的话犹在耳畔："分类学比较枯燥，看不见眼前的价值。但一旦发现有价值的东西，你就可以用分类的知识来扩大资源的利用范围，为很多人提供服务。"

《中国真菌志》的编研过程不仅是从自然界发现新物种的过程，也是开发利用生物资源、建设人才梯队的过程。

像老一辈科学家一样，庄文颖在工作中不忘提携后学，微生物所白逢彦、王琳淇、高程等青年骨干都得到过她的举荐。在日常的科研工作中，她还经常手把手地指导学生实验操作，一起打扫实验台，在给学生们修改论文时，从科研数据到研究结论，从遣词造句到标点符号，她总是耐心细致地修改指点。她还走进中小学课堂，通过一堂堂科普课让青少年们了解丰富多彩的"真菌世界"。

"微生物所作为国家战略科技力量和创新发展的排头兵，除了做好'赛先生'，也要做好'德先生'，最重要的就是向老一辈科学家学习，一代代薪火相传，服务国家创新发展。"微生物所所长钱韦说。

人类只认识了约 6% 的真菌物种，还有 94% 有待发现。"这是几代人都做不完的工作。我现在 70 多岁了，希望在有生之年继续奋斗，更希望年轻人能够把这条路走好。"庄文颖说。

《中国科学报》2021 年 11 月 15 日

探秘真菌

◎ 张　航

一提起真菌，不少人都会谈虎色变，认为它往往会带来病患或者灾祸。其实，大多数真菌在现实环境中都是人类的朋友——香菇、口蘑、杏鲍菇是我们日常餐桌上的美食，青霉素是治病救人的良药。它们都与真菌有关。

我国是世界上最早利用真菌的国家之一。早在新石器时代，先人就能够利用真菌发酵来酿酒；东汉末年的《神农本草经》记载了12种真菌药物，其中茯苓、雷丸、紫芝、木耳等沿用至今，著名药典《本草纲目》更是一口气记录了34种真菌药物。

在全球真菌学领域，有一本权威工具书《真菌字典》。该字典第九版的编写者之一是来自中国的女科学家——中国科学院院士、中科院微生物所研究员庄文颖。她3次当选国际真菌学会执委，是该组织成立以来的首位中国籍执委；她还是美洲真菌学会首位中国籍荣誉会士。40多年来，她一直潜心探寻真菌的奥秘，带领团队深入全国 26 个省区的密林深山，发现了 360 余个真菌新种。

2021 年，北京市委宣传部、北京市科协等部门首次联合开展北京"最美科技工作者"学习宣传活动，庄文颖被遴选为 2021 年北京"最美科技工作者"。

矢志真菌梦成就"一门两院士"佳话

1948 年，小麦遗传育种学家庄巧生迎来了爱女降生。他和妻子给孩子起名"文颖"。从小，庄文颖就养成了爱钻研的习惯。

1968 年，20 岁的庄文颖响应国家号召，离京前往山西农村插队。她干活很卖力，受到乡亲们的交口称赞。农忙之余，庄文颖发现了问题：病害是导致村里农作物产量上不去的一个重要原因，"一得病，乡亲们就说打药，但究竟庄稼得的啥病，为啥得病，谁也说不上来。"庄文颖暗下决心，要揪出"真凶"。

1973 年，她进入当时的山西农学院深造。毕业留校时，有两个专业可以选择——昆虫学或植物病理学，庄文颖主动选择了植物病理学。"经过学习，我发现约 70% 的植物病害是由真菌造成的。"要想获得更加透彻的理解，唯有进一步深造，于是，庄文颖瞄准了全国研究真菌最好的科研单位——中科院微生物研究所。1978 年，她以优异的成绩考取了微生物所的研究生，师从著名菌物学家余永年。

余永年是我国杰出的真菌学家、中国科学院院士戴芳澜的学生。对真菌学的热爱与探索精神，就这样一脉相承，让而立之年的庄文颖确立了自己的科研志向。"在浩瀚的生命世界里，在生物进化的漫漫长河中，真菌扮演了非常重要的角色，必将影响人类的未来。但人类对真菌的认识还远远不够，我愿意为此付出毕生的努力。"40多年后，庄文颖依然清晰记得自己的初心。

她就像一块巨大的海绵，如饥似渴地吸收一切关于真菌学的知识。1983年，已留所工作的庄文颖作为访问学者到美国康奈尔大学进修学习，并于1985年开始攻读博士学位。在那里，她分秒必争，将休息时间压缩到非常苛刻的地步。别人去逛街，她在实验室；别人去看电影，她还在图书馆。功夫不负有心人，她迅速掌握了真菌学的最新研究方法，发表了不少论文。

留学期满，她义无反顾地选择了回国奉献。"我要回到我的祖国去做科研，我相信中国学者通过努力奋斗，在真菌学领域也能取得巨大的成就，获得国际学界的认可。"她说。

1988年年初，庄文颖在康奈尔大学获得博士学位后，毅然回到中科院微生物所工作。

在庄文颖成为中国科学院院士前，庄巧生早已当选中国科学院学部委员（院士），父女二人成就了"一门两院士"的佳话。

翻山越岭发现360余个真菌新种

真菌，是真核微生物。与动物细胞相比，它具有细胞壁，行吸收式营养；与具有细胞壁的植物相比，真菌没有叶绿素，不能进行光合作用，大多数以孢子繁殖。因此，在生命世界中，真菌自成一界，是与动物、植物并列的一个真核生物类群。

"生命从原核生物到真核生物，是一个本质跨越。真菌是较原始的真核生物，科学家们以真菌为材料，可以探讨生命进化规律，具有十分重要的科研价值。"庄文颖说，据保守估计，全球有真菌 220 万至 380 万种，目前被认知和描述的只有大约 15 万种，仅占总数的约 6%，还有大量真菌物种等待着人类去发现。

▲ 庄文颖在艰苦环境中开展野外调查

　　要研究真菌，就要"跑野外"，去人迹罕至、条件艰苦的环境中开展野外调查。中国地大物博，肯定有大量先前不为人所知的真菌物种。找到它们，丰富我们国家的真菌物种资源库，为生物资源的利用奠定基础，成为庄文颖团队的目标。

　　20 世纪八九十年代，很多地方还没有通公路，拖拉机是最好的交通工具，不少地方甚至徒步才能进入。庄文颖带着考察队，扛着采集工具和行李，下了火车转乘长途汽车，到达采集地再搭乘当地老乡的拖拉机，或者步行进入深山老林。在湿度极高的广西大明山，考察队每天行进在云海中；在尚未通路的新疆戈壁滩上，他们不断挑战着身体极限。

1994年，庄文颖团队获得中科院生物区系特别支持项目资助，在仅有的3万元经费支持下，她带领团队成员对川陕鄂交界的大巴山区开展了真菌资源调查，一口气发表了7篇SCI期刊文章，后来汇总成小册子《大巴山真菌》。这是中国真菌学者在国际舞台上的一次精彩亮相。

多年的科考历程，庄文颖的足迹遍布全国26个省区，发现了360余个真菌新种，采集了大量标本。她研究了39个国家和地区的众多真菌材料，澄清大量分类和命名问题；她独立完成了3个真菌属的世界专著性研究，使我国部分真菌类群的物种数量倍增；她发现和筛选出深具应用潜力的木霉属真菌的菌株……几乎可以说，继戴芳澜、邓叔群、余永年等前辈之后，庄文颖带领团队扛起了中国真菌科学研究的大旗。

编研中国人自己的"真菌志"

中科院微生物所菌物标本馆，坐落在中科院奥运园区内。从外表看，这是一栋不太显眼的建筑，却珍藏着一个奇妙的生物世界。这里也是亚洲最大的菌物标本馆，收藏着来自全国34个省级行政区及全世界111个国家和地区的53.6万份菌物标本。标本馆自1981年对外开放以来，累计向外借阅标本10万多份，供全世界学者从事科学研究和科学普及。

在微生物所，庄文颖侧重于真菌资源收集和系统分类学研究，为真菌资源的开发利用提供科学依据。依托标本馆，庄文颖正带领团队进行一项浩大的科学工程——编研《中国真菌志》，形成一套中国人自己的真菌物种"百科全书"。

《中国孢子植物志》与《中国植物志》《中国动物志》统称"三志"，早在 1973 年，我国就成立了"中国科学院中国孢子植物志编辑委员会"，组织和带领生物分类学工作者开展《中国苔藓志》《中国海藻志》《中国淡水藻志》《中国真菌志》及《中国地衣志》5 个分志的编研，这部鸿篇巨制历经 5 代人近五十载接力打造，截至 2021 年 6 月，已出版的 113 个卷册记录了我国孢子植物 424 科 2255 属 19652 种。《中国真菌志》的编研旨在摸清中国真菌物种资源的家底，其第 1 卷于 1987 年问世，已出版的卷册凝聚了我国几代真菌学家的心血，是 200 余位学者集体劳动的结晶。如今担任《中国真菌志》主编的庄文颖说，早年我国真菌资源研究资金少，野外调查不充分，现在野外工作条件好多了，加上科研人员的不懈努力，目前我国已知菌物 2.1 万余种，近 40 年物种数量增长了 3 倍。在已出版的 62 卷《中国真菌志》中，包含 905 属 8873 种真菌。

为保证《中国真菌志》高质量出版，庄文颖倾注了大量精力，对每一卷的内容都进行细致审查。最近，她带领的团队历时 10 年，完成了《中国真菌志 第 60 卷 肉座菌科》，记录了我国肉座菌科 6 属 244 种，编研过程中发表了 94 个新种。"志书编研过程中，我们将资源发掘、分类研究和编纂工作深度融合，力求揭示更多的真菌奥秘，事实也证明，大量的新物种得到了确认，如编研工作开始前，基于前人报道，我国木霉属真菌只有 19 种，但后来经过科学家们的不断探索，发现我国木霉属真菌竟然有 211 种，这极大地丰富了我们对真菌资源的认知。"庄文颖自豪地说。

微生物两个属以她的名字命名

在很长一段时间里，庄文颖的主要精力都是放在真菌系统分类学基础研究工作上。近些年，她将越来越多的精力放在推动真菌资源可利用性的评价方面。庄文颖说，真菌与人类的关系极为密切，人类很早就学会了利用酵母菌来酿酒、蒸馒头。20 世纪 20 年代，英国细菌学家弗莱明从青霉菌中发现了青霉素，大大减少了细菌性感染的死亡率，挽救了无数人的生命，还将人类的平均寿命从 40 岁提高到了 60 岁，具有划时代的意义；而美味的食用菌不仅丰富了人类的食材，还在国家经济发展和脱贫攻坚中发挥了举足轻重的作用。

如今，木霉菌株成为庄文颖和团队重点关注的对象。她说，东北黑土地是我国极为重要的粮仓，秸秆还田可以保持土壤肥力，但是东北冬季气候寒冷，真菌分解秸秆的速度大幅下降，影响秸秆还田的效果，利用积累的木霉菌株资源有望破解这一难题。她和团队正在探索不同木霉菌株，希望筛选出具有应用潜力的菌株，推动木霉在秸秆处理中发挥作用，为生态环境保护和农业生产贡献一分力量。

庄文颖的学术贡献被公认，学者们以她的名字命名了一个真菌新属——文颖盘菌属，以及一个细菌新属——海庄文颖氏菌属，这是对庄文颖学术贡献的巨大肯定。但她却很淡然，"感谢同行的认可和鼓励，我还有很多事情要做，要尽一切努力推动真菌学的发展。"

虽然已年过七旬，但她依然如年轻人一样，满腔热情投身科研。

在微生物所，只要不出差，不外出开会，庄文颖每天都会早早来到位于四层的实验室。她梳着齐耳短发步伐矫健，说起话来语速飞快。"庄老师中午都不休息，我们在科研中有任何困惑，都可以随时找她请教。"实验室的科研人员说，庄老师的这分执着让每个人感动，也令每个人受益匪浅。

给学生修改论文时，庄文颖总是从科研数据到研究结论，从遣词造句到标点符号，把修改和备注标记得仔仔细细。在日常的科研工作中，她还经常手把手地指导学生实验操作，带他们查阅图书文献，甚至一起动手打扫实验台。每当年轻人做出了一些成果，她从不吝啬夸赞；当他们困于困境，止步不前，她总能送来温情的鼓励。

"我希望年轻人首先要爱科学，有了足够的热爱才能发挥自身的才能。其次要实事求是，要认真做学问，耐得住寂寞，勇于拼搏，全身心地投入，并掌握科学的研究方法。我也支持年轻人走出国门看一看，但最终还是要立足于本国，自立自强。"庄文颖说。

采访中不可避免地提及父亲庄巧生院士。庄文颖说，尽管他们从事的研究领域不同，但父亲严谨治学的品质值得自己学习，"他是老一辈科学家的代表，和我的恩师余永年一样，激励着年轻一代科研人的成长。"

2014年，余永年以91岁的高龄辞世，他一生主要从事菌物学科研、教学和著述，成就颇丰，在菌物系统学、生态学、生理学和发展史等多个领域都作出了突出贡献，他的教导也让庄文颖能够站在巨人的肩上迎来了自己的人生飞跃。熟悉庄文颖的人都知道，她办公室的窗台上一直放着一个老式暖水壶，这个铁皮暖水壶是导师曾经使用的，从1993年至今她一直在用。有人问她为什么不换一个新的，她说，"我每天用它喝水，就会想起我的导师，想起他对我的教育和培养，他不是院士，却是我心目中永远的院士。"

面向未来，庄文颖说自己还有很多事情要做。真菌是保护生态文明、保障国民生命健康、保持国家经济发展和保卫国门生物安全的重要战略资源。她说，我们还要奋力探索大量的未知真菌物种，不断认识、开发和利用真菌，使真菌更好地造福人类。

《北京日报》2021 年 10 月 21 日

最美

科技工作者

刘家富

ZUIMEI

KEJIGONGZUOZHE

刘家富：以大黄鱼产业造福一方百姓

11月5日，2021年"最美科技工作者"名单公布，共有10人获此称号。其中，有一位水产科技工作者，他一生坚守一尾大黄鱼，和团队一起，立足基层渔区，首创了大黄鱼人工大规模繁养技术，为我国海水养殖业发展和闽东沿海的脱贫致富作出了贡献。他就是福建省宁德市水产技术推广站原站长、农业技术推广研究员——刘家富。

面对荣誉，刘家富说："基层一线千千万万的科技工作者，尤其是海洋渔业的科技工作者，他们长期奋战在一线，我只不过是他们中的一员。'最美科技工作者'这个荣誉分量很重，我总感觉我还有很多方面做得不够。"

刘家富出生在福建省连江县苔菉镇菱南村的一个小渔村，年少时随父亲出海捕鱼，那时他便对大黄鱼产生了兴趣。大黄鱼是中国特有的海水鱼，俗称"黄花鱼"或"黄瓜鱼"，栖息于近海中下层，自古就是东南沿海人民餐桌上的美味。作为东海区的"四大海产"之一，20 世纪 70 年代后大黄鱼资源遭到破坏几近枯竭，为了恢复大黄鱼资源，刘家富从一名"捕鱼人"成为一名"养鱼者"，不顾渔区基层科研条件简陋与科研人员力量薄弱，开始投身大黄鱼的人工繁育与资源保护工作，并致力其养殖技术研发。

谈及大黄鱼的人工繁育与增养殖技术攻关，刘家富表示，要想搞大黄鱼的人工繁殖，首先要构建人工繁殖的基础亲鱼群体。野生的大黄鱼栖息于近海的中下层，一旦离开水面就会死亡，特别是大黄鱼的成鱼与亲鱼，所以普通野生大黄鱼不可能构建人工繁殖的基础亲鱼群体。

▲ 刘家富在观察鱼的生长状况

面对困境，刘家富采取了两条技术路线。一是到当时还有一些亲鱼的官井洋大黄鱼产卵场，在产卵季节采集正要产卵的亲鱼进行人工采卵与人工授精。然而该操作并非易事，每尾亲鱼的产卵过程只能维持个把小时，过早提取鱼卵还不够成熟，稍迟一步鱼卵又过熟，均无法受精。通过观察与试验，刘家富及团队掌握了一定规律，从时间、地点、捕捞渔具等方面入手解决了采卵问题。受精卵经室内孵化、育苗和 2 年养殖后才可作为亲鱼培育。1985 年，刘家富他们首次育出鱼苗 7000 余尾；二是在浅水区采捕 100—200 克大小的野生大黄鱼幼鱼经保活、驯养而培育成亲鱼供作人工催产。1987 年，刘家富团队利用早期驯养的野生大黄鱼培育的亲鱼进行人工催产，获得 1 万多粒受精卵，培育出 100 多尾大黄鱼鱼苗。在刘家富看来，这 100 多尾鱼苗是全人工繁育技术质的突破。

大黄鱼人工繁养技术的突破，不仅拯救了大黄鱼资源，也成为振兴闽东经济带动脱贫致富的敲门砖。刘家富提到，该技术是当地的研究成果，闽东沿海地区有着适宜大黄鱼繁育、栖息生长的自然条件。在人们怀疑大黄鱼养殖开发前景之际，他提出要瞄准养殖技术开发，尽快建成事关振兴闽东的大黄鱼养殖支柱产业的目标，要形成一个产业以造福一方百姓。科研工作者的坚定信念、艰苦拼搏以及渔民群众的支持，取得了试养成功、获得效益，1996 年在项目区兴起了大黄鱼养殖热，在"依靠科技进步，促进大黄鱼养殖产业化"的意见指导下，2000 年闽东沿海已基本实现大黄鱼养殖产业化，如今大黄鱼产业已成为我国养殖规模最大的海水鱼产业。

刘家富团队让大黄鱼重新回到普通百姓餐桌的愿望实现了。谈到未来的打算，刘家富说，他将针对大黄鱼产业的育苗、养殖、加工、流通等各产业链薄弱环节，根据质量安全、环保、优质、节能高效等要求，遵循高质量发展原则，对大黄鱼产业进行完善与提升。

以机制与技术创新、观念更新，建成独具我国特色的大黄鱼精品渔业，为增加就业与乡村振兴作出新贡献。并通过原种子一代规模化增殖放流与强有力的资源保护措施，尽快地把我国大黄鱼野生种群恢复到能维持年均 12 万吨捕捞量的资源量。

新华网北京 2021 年 11 月 5 日电

刘家富：把大黄鱼从"灭绝"边缘拉回来

◎ 马爱平

"'最美科技工作者'这个荣誉分量很重，是对基层一线千千万万的科技工作者，尤其是对水产科技工作者的肯定。"2021年"最美科技工作者"刘家富，被称为"大黄鱼之父"，是福建省宁德市水产技术推广站原站长、农业技术推广研究员。如今，81岁的刘家富依然时常同省内外的同行探讨大黄鱼等海水鱼资源保护与繁养问题，乐此不疲。

20世纪70年代前，我国大黄鱼年均捕捞量约12万吨。但由于过度捕捞越冬群体，从1974年起，浙江舟山大黄鱼产卵渔场捕捞量连年下降。

"再这样下去，大黄鱼迟早会灭绝。"当时在连江县水产技术推广站工作的刘家富看在眼里，急在心头。

为了研究大黄鱼人工繁养技术，刘家富于1981年年底请求调到宁德地区水产技术推广站，并结合本职工作边干边学。1985年大黄鱼人工育苗初试项目终以 1 万元经费立项研究。

研究并不容易但还算顺利。"当时在三沙海带育苗室中临时建了 3 口小水泥池，利用在官井洋产卵场人工授精获得的受精卵，运至那里孵化并培育出 7343 尾全长 2 厘米多的鱼苗。但若再拖几天验收，这些鱼苗都会死光，因为它们患有一种缺乏高度不饱和脂肪酸的营养缺乏症。"一股不服输的韧劲让刘家富不断攻克难关。

1987 年，刘家富带领团队以 20 尾人工培育的亲鱼进行人工催产试验，收集到了 1 万多粒受精卵，最终育出 100 多尾鱼苗，这宣告了大黄鱼全人工繁育技术的突破。1990 年，他们完成了 104 万尾批量全人工育苗。

1991 年开始的大黄鱼养殖技术开发研究项目于 1992 年因经费问题而面临半途而废。为了坚持养殖试验，促进大黄鱼成果转化，同时改变宁德地区水产技术推广系统的队伍大全、手段落后、经费短缺的状况，刘家富于 1992 年主持把原项目组注册为宁德地区水产技术推广试验场。他带领大黄鱼养殖技术开发项目团队因陋就简、艰苦拼搏，闯过了艰难的 4 年。到 1995 年，项目研究终于有了起色。不但解决了大黄鱼生长缓慢问题，建立了大黄鱼网箱与池塘养殖的全套技术工艺，还指导养殖户试养获得丰收。

"5 年拼搏，我们把试验场建成了具有苗种繁育、环境监测、鱼病防治、技术培训、科技信息等功能的科技部农村科技服务体系建设示范单位，并培养了一批不同层次的鱼类繁养技术人才。"刘家富说。通过刘家富团队及各界的共同努力，现已让大黄鱼成了全国养殖规模最大的海水鱼和八大优势出口养殖水产品之一。

刘家富本应于 2000 年退休，但因事业需要，组织上一直延聘他至 2014 年。其间，2003 年，刘家富当选宁德市大黄鱼协会首届会长。他又从头开始，把工作搞得热火朝天，服务对象从大黄鱼产业扩展到整个渔业，终把大黄鱼协会扩为渔业协会，还被民政部授予"全国先进民间组织"称号。

现在，他仍退而不休，为大黄鱼育种国家重点实验室学术委员兼技术顾问、国家海水鱼产业技术体系顾问等。在刘家富看来，职业坚守和担当应是科技工作者的本分，是不断前进的力量来源。

《科技日报》2021 年 11 月 15 日

刘家富：用奋斗书写人生底色

◎ 朱子微

见到刘家富时，他正在自己的工作室里伏案疾书。年届八旬的他，如今依然时常帮助省内外的科技同行、涉渔业者答疑解惑，乐此不疲。

刘家富是宁德市水产技术推广站原站长、农业技术推广研究员。1971 年，刚从上海水产学院毕业的他被分配到连江县水产技术推广站，从事渔场渔情工作。

20 世纪 70 年代前，我国大黄鱼年均捕捞量约为 12 万吨。但由于过度捕捞越冬群体，从 1974 年起，浙江舟山大黄鱼产卵场捕捞量连年下降。

"再这样下去，大黄鱼迟早会灭绝。"当时的整体环境，刘家富看在眼里，急在心头。一个念头在他心中萌生：利用官井洋产卵场尚存的大黄鱼亲鱼，进行人工繁殖，以此保住大黄鱼资源。

于是，刘家富主动请求调往管理官井洋大黄鱼产卵场的宁德地区水产局。1981 年，他被调进其下属的宁德地区水产技术推广站，分管鱼类增养殖技术。

▲ 刘家富在给渔民讲授养殖技术

初来乍到的刘家富，边学边干：既要调查官井洋大黄鱼产卵场相关情况，又要搜集鱼类繁殖技术材料。经过前期充足准备与多方奔走，1985 年大黄鱼人工育苗初试项目终于立项，并获得 1 万元项目经费。从此，刘家富和项目组踏上了攻克大黄鱼育苗和养殖技术难点的漫漫征途。

"当时在三沙海带育苗室中临时建了 3 口小水泥池，利用在官井洋产卵场人工授精获得的受精卵孵化并培育出 7343 尾全长 2 厘米多的鱼苗，如果再拖几天验收，这些鱼苗就会死光，因为它们都患一种缺乏高度不饱和脂肪酸的营养缺乏症。"忆起项目初期的艰难历程，刘家富无限感慨，但一股不服输的韧劲始终引领他不断攻克难关。

1987 年，20 尾人工培育的亲鱼在催产试验中，产下 1 万多粒受精卵，最终育出 100 多尾鱼苗，这宣告了大黄鱼全人工繁育技术的突破。1990 年，项目组完成了 104 万尾批量全人工育苗，实现了"七五"期间技术攻关项目目标。

由于前期试养的大黄鱼总体生长缓慢，2 龄鱼平均不及 250 克，外界并不看好大黄鱼的养殖前景。但刘家富从个别生长特别快的大黄鱼个体中看到希望。他于 1991 年 3 月写报告提出：瞄准大黄鱼养殖开发方向，要建立起振兴闽东经济的支柱产业。

在福建省人大常委会的呼吁支持下，原省科委与水产厅共同给予 50 万元经费，给原宁德地区水产技术推广站下达了大黄鱼养殖技术开发研究项目，由刘家富主持实施。

为赶季节，新项目组先借款建土池与网箱等设施设备，计划投入 40 多万元。试验以"扩群促食"技术措施取得加快生长速度的突破性进展，但仅到位经费 10 万元，背债 30 多万元。第二年的养成试验，更是处于半途而废的危机之中。

"当时只想继续做研究，别的我什么都没去想。"通过 1992—1995 年的项目组艰苦努力，到 1995 年年底，项目组的研究终于有了起色，试验场也迎来转机。项目组不但解决了大黄鱼生长缓慢的问题，建立大黄鱼网箱与池塘养殖的全套技术路线，还指导养殖户试养获得丰收，为大黄鱼养殖产业化打下了基础。

经多年努力，刘家富和项目组终于啃下大黄鱼人工育苗和养殖增产这两块硬骨头。首创的大黄鱼人工大规模繁养技术，把大黄鱼发展为全国最大养殖规模的海水鱼，及八大优势出口养殖水产品之一，引领了我国"第四次海水养殖浪潮"。

凭借着出色的科研成果，刘家富先后获得"全国优秀科技工作者""改革开放 40 周年渔业科技突出贡献人物""全国科技助力精准扶贫先进个人"等荣誉称号。2021 年，刘家富更是被党中央表彰为"全国优秀共产党员"，作为一名党龄 36 年的党员，这些荣誉对他既是鼓励，也是鞭策。思及入党初衷，刘家富笑着对记者说："我就是心怀一颗为人民事业奋斗终身的纯朴之心、火热之情入了党。"

《福建日报》2021 年 7 月 7 日

最美

科技工作者

李德仁

ZUIMEI

KEJIGONGZUOZHE

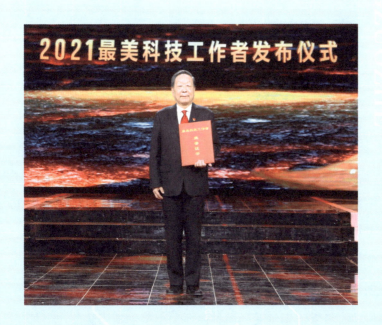

创新路上，他们有何期待与诉求

强国报国是创新团队的精神内核

◎ 讲述人：2021 年最美科技工作者、中国科学院院士、中国工程院院士、地球空间信息学家、武汉大学教授　李德仁

我今年 82 岁了。回想起 20 世纪 80 年代刚留学回国时，中国还没有几颗卫星。可是现在，我们赶上来了，中国已经有 300 多颗卫星在太空遨游。这靠的是什么？是创新。

一个创新团队，最重要的是要有强国报国、为国献身的精神，这是中国科学家身上特别鲜明的精神品质，也是创新团队最应当具备的精神内核。

"爱我中华"，这是我曾祖父留下的家训里的第一句，深深影响了我一生。当年，我在德国完成博士论文后，美国俄亥俄州立大学

的教授让我到美国去，因为我的论文解决了误差可区分性研究这个测量学上的百年难题。可是，科学是要为祖国服务的。改革开放之初，中国的发展和外国还有很大差距，我得赶快回国。我谢绝了国外科研院所的邀请，毕业答辩后立刻回国，休息短短几天后便走上了讲台。

▲ 李德仁在第 22 届国际摄影测量与遥感学会大会上被授予该学会"荣誉会员"称号

科学没有国界，但科学家有自己的祖国。我们是中国人，要为中国的富强作贡献。我们不能依赖外国的技术、迷信外国的技术，应当围绕国家的重大需求开展自主创新研究。

现在的科学研究早已不是一个人的活动，创新团队的培养，还应该重视团队精神，要既能服从团队的科研创新目标，又能在团队中积极贡献自己的智慧。2020 年，我的团队获得国家科技进步奖一等奖，这一成果背后有百余人参与攻关。我们还参与了国家投入 500亿元的高分辨率对地观测系统重大专项，这个项目要发射 14 颗不同类型的卫星，也带动了许多单位和团队参与研究。我国的一些大科学工程，比如北斗卫星导航系统、探月工程、载人航天等，都是由上万人、多个团队完成的协作创新成果。

创新团队的培养，还要鼓励更多年轻学者勇于探索。年轻人身上蕴藏着创新的原动力，只有他们自主自立，实现从"0"到"1"的突破，才能引领整个社会进步。还应该认识到，科学研究不是一蹴而就的，也要经得起失败的考验，成功在于坚持不懈。特别值得一提的是，现在很多科学研究要开展大量实验，有成功有失败，不能只选成功的部分急于发表文章下结论，更要总结失败，把成功的经验、失败的原因都分析好，实验的结论才经得起考验。这是每个科研工作者都要有的百折不挠的精神。

《光明日报》2021 年 12 月 1 日

李德仁院士：科研需要师生接力闯前沿

◎ 孙明源

　　作为测绘与遥感领域的世界领军专家，李德仁是中国科学院、中国工程院两院院士，武汉大学教授，2021 年"最美科技工作者"称号在他的荣誉榜上可谓锦上添花。在荣誉面前，李德仁谈起了自己的责任，谈到了中国的人才培养。

　　作为一名聪颖勤奋的学生，李德仁在 1957 年考入大学，开始学习测绘。1963 年大学毕业后，李德仁工作了多年，直到 1978 年政策恢复后开始读研，1981 年硕士毕业后前往德国学习，他用一年时间完成的博士论文，解决了误差可区分性这一世界测量学上的百年难题。博士毕业后他返回祖国，在中国的高分辨率对地观测系统、"北斗"卫星系统以及众多领域先进测绘系统的实现当中，都发挥了重要作用。20 世纪 80 年代，李德仁首创从验后方差估计导出粗差定位的选权迭代法，被命名为"李德仁方法"。

　　说这些成就是李德仁凭借天赋和勤奋创造的，可谓确凿不疑。

他讲起过去时，也并不讳言自己的"聪明"和"努力"。然而，李德仁谈科研、谈创新时总会提起两个词——老师和学生。他既是一位老师，也是一名学生，他的成就也离不开这两层身份带给他的经历。

对李德仁的学术生涯来说，有两位导师的影响尤其重要。一位是李德仁的硕士生导师，中国航空摄影测量与遥感专家、中国科学院院士王之卓；另一位是李德仁的博士生导师，德国的阿克曼教授。"这两位导师都是世界权威，教育我怎么做学问，怎么做人。"李德仁回忆说。

1978 年，王之卓不拘一格，免试录取李德仁作自己的研究生，为了他的成长又让他去德国深造。在德国，阿克曼赏识李德仁的聪慧，也让他"快点读"，并支持他毕业后回国工作。对两位导师，李德仁有许多难忘的记忆。

"王之卓教授有两段话我记了一辈子。一段话是说学科研究要在向深部发展的同时，相互碰撞，交叉融合，这是他 1987 年提出来的；另一段话是关于人才培养的道理，在王之卓学术思想研讨会上，老先生说，如果我有什么思想，就是要向我的学生不断学习，引发了全场鼓掌。"

无独有偶，阿克曼也给李德仁说过类似的话："我们当了大教授了，我们对每一个技术细节的钻研都不会比学生强，在每个技术分支上，都是学生走在第一线。他们比我们强，我们只是在宏观上把握得好一点，看得更远些。"

除了对学生的尊重、支持、关爱，李德仁从两位导师身上学到的另一个道理，就是"做学问要做到学科前沿去"。李德仁回忆说，在德国，阿克曼以激励学生自主性、发现学生的天赋为信念，支持他按照自己的想法做学问。在李德仁回国之前，阿克曼鼓励他做组织科研的领军科学家，为国家需求服务。此外，阿克曼还建议他不要拘泥于中国传统的师父带徒弟模式，而是要把年轻人直接拉到前沿一线去工作。李德仁认为，自己的学生中涌现出了很多人才，就和继承这种观念密切相关，他总是把最难的任务交给学生，让他们进行跨越式的研究。

"科学研究就是不断创新，不断接力。"李德仁始终面向国家需求和学科前沿，把学生的建树看成是自己最大的成果，年逾八旬的李德仁已经培养了 200 多名博士研究生。"我有很多学生当上了教授、领导。"李德仁骄傲地说。"李老师就像一块磁铁，将我们紧紧团结在一起。"李德仁的学生朱欣焰教授这样说。

《科技日报》2021 年 11 月 10 日

科学要为祖国服务

◎ 田瑞颖

"爱我中华"，这是李德仁的曾祖父留下的家训首句。作为我国高精度高分辨率对地观测技术体系的开创者，中国科学院院士、中国工程院院士李德仁将这种爱国精神根植于心、力践于行。

对于入选 2021 年"最美科技工作者"，李德仁感到非常光荣，也倍感责任重大。他说，"我们只是代表，代表了为国家建设作出贡献的中国知识分子"。

"我得赶快回国"

"爱我中华、兴我家邦、少小勤学……"江苏省泰州市姜堰区溱潼古镇的一所旧居堂屋，挂着一幅用毛笔书写的"李氏家训"，家训里的 80 个字，影响了李德仁的一生。

1957 年,18 岁的李德仁从泰州中学毕业，进入武汉测绘学院（后更名为武汉测绘科技大学，现属于武汉大学信息学部）航空摄影测量系攻读本科。1963年，当他以两科满分、一科99分的成绩报考研究生时，因为政审未能通过，被分配到地方水泥厂工作。

在之后的15年岁月中，他未曾气馁，坚持学习，还钻研出了特种水泥制作技术，和同事们成功研制了"新型铝酸水泥系列"。这项技术获得了第一届国家发明奖二等奖。

1978年，科学的春天来临，国家恢复研究生招生。李德仁得以回归校园继续学业，并师从中国科学院院士王之卓。1981年，就在李德仁完成硕士学业时，王之卓将他送出国门深造。

1982年，李德仁进入德国波恩大学进修，短短半年时间，他就在国际学术期刊发表了两篇高质量论文，针对西方学者发现和消除粗差的倾向性方法，推导出比丹麦法更具优势的新方法，被国际测量学界称为"李德仁方法"。

次年，他又进入斯图加特大学攻读博士学位，师从摄影测量领域世界著名领军学者弗里兹·阿克曼。为了将更多知识早日带回祖国，他每天工作14个小时以上，常在凌晨最后一个锁门，又在清晨第一个打开实验室大门。

其间，李德仁首次创立了误差可区分性理论和系统误差与粗差探测方法，为现代测量学奠定了数据处理的理论基础。德国洪堡基金评委Grafarend认为，"它解决了一个测量学的百年难题"。

李德仁也因此获得1988年"汉莎航空测量奖"，围绕该理论编写的《空间数据挖掘理论与应用》英文专著也被评为2016年业内最具影响力著作。

"回国是必然的，是自觉的。我们与外国有很大差距，我得赶快回国。"为此，李德仁用两年时间完成了五六年的课程，并谢绝了国外科研院所的邀请，在完成毕业答辩后立刻回国，短休几日便走上了讲台。

在他心里，一直有一个坚定的信念，"科学是要为祖国服务的"。

用中国人的智慧赶超世界水平

回国后，李德仁加快了研究步伐，带领团队持续开展基础理论和重大技术创新，引领我国测绘遥感行业实现跨越式发展。

在他看来，科学家精神首先就是实事求是，"要尊重科学、尊重前人、尊重专家，但不能迷信书本、迷信权威、迷信外国技术。创新的原动力就是实现自主自立，从'0'到'1'"。

高分辨率对地观测系统重大专项被称为"中国人自己的全球观测系统"。其中，自主可控的天空地高分辨率遥感系统是"高分专项"的核心。

李德仁瞄准我国高分专项的核心需求，历时15年，组建百余人团队，主持参与"高分专项"，先后完成体系论证、技术攻关、系统研制和重大应用，助力实现其"好用"和"用好"，满足经济建设、国防建设和大众民生的需求。就在不久前，相关技术及应用获得2020年度国家科技进步奖一等奖。

"这项成果是我们在元器件受限的情况下，用中国人的智慧，用我们的数学和过程控制方法，达到了世界第一。"李德仁自豪地说，"以前我们有卫星，但不强，现在我们的遥感卫星赶上了世界水平，走在世界前沿。"

此外，他还带领团队攻克了高精度高分辨率对地观测领域的系列核心技术，研制了我国"航天—航空—地面"3S集成的测绘遥感系列装备，解决了危险地区测绘等难题，引领了信息化测绘遥感的根本性变革。

在李德仁看来，科学的进步要靠各国共同推动，科学家之间要取长补短、互相学习。但他也表示，科学家是有国家的，"要热爱祖国，为国家的富强作贡献，为学科作贡献"。

把学生"拉练"到第一线

大学时，李德仁就因为敢于挑战"权威"而"小有名气"。在学习苏联专家编写的"权威"教材时，他发现并指出了其中的错误，还在毕业设计中纠正了加拿大专家的模型。为此，他深受王之卓赏识。

▲ 李德仁参加武汉大学毕业典礼，并为毕业生拨穗

而王之卓的育人理念，也深刻地影响着李德仁。"我有思想吗？如果有，那就是要向我的学生不断学习。"在一次王之卓学术思想研讨会上，王之卓的发言引起阵阵掌声。

如今，李德仁培养的博士生已超 200 名。"做学问要先做人，做学问要做到学科前沿。"为此，他总把学生带到科研一线"拉练"，把最难的问题交给学生，鼓励学生发现问题、解决问题，不断思考、大胆创新。

他还时常教导学生，科学道路上不能取巧，必须脚踏实地，一步一个脚印，"要有理论有实践，先把理论学好，再继续开展攻关，推广实践，这是老一辈传承下来的"。

对于传承科学家精神，李德仁认为，首先要实事求是，要坚持不懈，经得起失败的考验，要培养学生的团队精神和强国报国的献身精神。

"我们测绘人要坚持不懈地开展原始创新研究，想国家所想，急国家所急，全身心投入到第二个百年奋斗目标征程和'新基建'浪潮中，在建设新型信息基础设施、融合基础设施和创新基础设施中发挥作用，为将我国建设为国际领先的测绘科技强国贡献力量。"李德仁说。

《中国科学报》2021 年 11 月 12 日

最美

科技工作者

吴尊友

2021最美科技工作者发布仪式

吴尊友：将知识化为
抗疫力量

◎ 付丽丽

突如其来的新冠肺炎疫情，让吴尊友从幕后走到了台前。

作为中国疾病预防控制中心流行病学首席专家，自 2020 年年初新冠肺炎疫情暴发以来，他在关键节点上的判断总能给社会带去信心和安心。

"对传染病防控科技工作者来说，最重要的就是科研成果能否及时转化为国家传染病防控策略和措施，转化为人民群众的预防行为。"吴尊友说。

正因其在新冠肺炎疫情防控和艾滋病防治等方面工作的突出贡献，他被中宣部、中国科协等 6 部门授予 2021 年 "最美科技工作者" 称号。

关键时刻给人信心

"我可以明确地告诉大家：北京疫情已经控制住了！" 2020 年 6

月 18 日，北京新发地疫情确诊首例本土病例的第八天。在当天的新闻发布会上，吴尊友语惊四座。

底气来自他的工作。每天午饭时间，吴尊友都会审核同事发给他的新型冠状病毒肺炎疫情分析报告。经他审核通过后，再报送相关领导和部门。

吴尊友透露，其实他此前也担心北京的情况会与武汉、纽约一样。之所以后来敢回答"北京疫情已经控制住了"，是因为"对北京疫情数据和防控措施落实情况的精准分析与判断"。

6 月 19 日至 27 日，北京新增本土病例数稳定在了个位数。7 月 6 日起，实现了"零增长"。很多人对吴尊友竖起了大拇指，有网友更是赞扬称，"该你说话的时候，敢说话、敢分析。对大家，对北京疫情控制都有利"。

"这样的工作很有意义"

新发地疫情发生后，广受关注。很多人疑问，为什么是新发地，源头在哪儿？

吴尊友带领团队对相关病例进行职业分类发现，卖水产的人感染人数相对较多，其次是卖牛羊肉的。从病人的发病时间看，卖水产一类的工作人员发病时间要早。

他们又对市场很多地方进行环境采样，采样的结果和病例情况放在一起分析，污染比较严重的地方还是水产和牛羊肉大厅。初步分析，可能是因为这些地方温度低、湿度大，适合病毒存活。

随后的大连疫情也是如此，与海产品加工和销售有关。在充分综合运用大数据分析技术、流行病学调查和基因测序比对等多种技术基础上，吴尊友认定，海产品及外包装污染、冬季国际物流等，成为我国输入性新冠肺炎病毒引发疫情的新方式。

▲ 吴尊友在作调研

"从武汉华南海鲜市场到北京新发地市场，再到目前出现了30例确诊病例的大连凯洋海鲜公司，三者都存在潮湿、低温环境。这类环境适合病毒存活，只要有污染，病毒就会在局部越聚越多，而且不容易灭活，从而造成传播风险。"吴尊友说。

2020年8月15日，新发地市场部分区域复市。复市前，检测机构对封存的冷库货品、外包装及环境采集了3000多份环境样本，结果全是阴性。有关部门组织专家进行论证后，希望把冷库的货品投放到市场。

吴尊友对检测结果不放心，建议地方疾控部门抽样复查，只抽样复核检测 3 月以后进口的冷冻货品，"因为全球疫情是 3 月份以后才暴发流行起来"。

有关部门采纳了他的建议。复检的结果是，从亚洲个别国家进口的数吨水产品中检出了核酸阳性样本。

"由于我的坚持，规避了一次水产品污染可能引发的新冠肺炎疫情的风险。这样一个工作就非常有意义了。"吴尊友说。

《科技日报》2021 年 11 月 12 日

吴尊友，以"敢"著称的流行病防控专家

　　吴尊友，中国疾病预防控制中心（下称中疾控）流行病学首席专家。曾任中疾控性病艾滋病预防控制中心主任。2003 年曾参与"非典"防治工作，2020 年 1 月中旬开始参与新型冠状病毒感染的肺炎疫情的防治工作。曾获多项中国政府奖励和荣誉，并获得联合国艾滋病规划署金质奖章、国际毒品学会诺莱斯敦（Rolleston）大奖等。

　　每天 12—13 点，午饭时间，而在此时，中疾控流行病学首席专家吴尊友也雷打不动地在做一件事：审核同事发给他的新型冠状病毒肺炎疫情分析报告（下称"分析报告"）。经他审核通过后方能报送相关领导和部门。

　　57 岁的吴尊友个头中等，头发浓密直硬、两鬓有少许白发。穿一件浅蓝色长袖衬衣，并把下摆扎进了黑色西裤裤腰。6 月 11 日，北京确诊首例本土病例以后，他频繁出现在各种媒体发布会的现场，在关键节点上他的判断总能给社会带去信心和安心。

吴尊友告诉新京报记者，眼下他最重要的工作是梳理、总结我国过去 8 个多月新冠肺炎疫情防控的经验，回顾全球总体及各国疫情发生、发展、控制及反弹等现象，为我国秋冬季可能到来的新冠肺炎疫情形势做技术准备。

"相当给人以信心"

6 月 18 日，北京新发地疫情确诊首例本土病例的第八天。3 天前，根据中疾控安排，吴尊友带领一支 11 人的多学科专家队伍进驻了北京疾控。与北京疾控专家组成联合工作组，开展新发地市场的病毒传播机制与溯源工作。

在当天举行的北京市新型冠状病毒肺炎疫情防控工作第 125 场新闻发布会上，有记者向吴尊友发问："3 天前，您在接受媒体采访时说过，未来 3 天的疫情走势会决定北京的疫情。现在 3 天过去了，从目前的情况来看，北京现在的疫情形势如何？"

坐在会场主席台上的吴尊友，虽然戴着口罩却难掩其笑容。吴尊友的回答是："我可以明确地告诉大家：北京疫情已经控制住了！"

语惊四座。吴尊友也由此进入更多人关注的视野。

一位知情人士表示，不仅外界，就是在内部讨论中也有专家对吴尊友的乐观表示怀疑，并认为可能会出现第二波疫情高峰。还有未署名的专家公开表示吴尊友的判断过于草率。

吴尊友透露，其实他此前也担心北京的情况会与武汉、纽约的情况一样。之所以后来敢回答"北京疫情已经控制住了"，是因为"对北京疫情数据和防控措施落实情况的精准分析与判断"。

这与吴尊友每天要做的一项工作有关，就是每天同事送给他审的分析报告。这个分析报告包含了所有病例的发病日期和确诊日期，他还可以根据新冠肺炎病毒平均潜伏期就此构建出第三个时间点，也就是病例可能发生感染的时间。因此，他是通过 3 个时间点所反映的疫情特征，以及核酸筛查呈现"无症状感染者"的比例所反映的疫情所处流行阶段，来判断"北京疫情已经控制住了"。

吴尊友的一位同事李超告诉新京报记者，"综合各方面信息的基础之上，再结合流行病学的专业判断，吴主任才能得出一个个结论"。

6 月 19—27 日，北京新增本土病例数在个位数和两位数间反复了一个星期后，即稳定在了个位数。7 月 6 日起，实现了"零增长"。有网友对吴尊友"敢说话"的特点称，"该你说话的时候，敢说话、敢分析。对大家，对北京疫情控制都有利"。

2020 年中秋、国庆相加是 8 天长假。还能否放心出游，成了很多人关心的话题。吴尊友 9 月 8 日通过央视《新闻 1+1》又给公众吃了颗"定心丸"：我国境内存在新冠病毒的地方，主要是在隔离或住院的病人当中，和（相关的）实验室里，社会层面是没有病毒的。从新冠肺炎疫情防控角度来看，国庆节到国内各地去旅游，应该没有什么特别需要警惕的。

"建议被采纳，非常有成就感"

8 月 15 日，新发地市场部分区域复市。

6 月 11 日疫情发生后，新发地市场暂时休市。附近冷库因此被封存。其中一个冷库冷冻的肉类、水产品有上万吨。此前工作人员进行过一轮核酸筛查，全部阴性，并对冷库的货品、外包装及环境采集了 3000 多份环境样本，核酸检测结果也全都是阴性。经过这些事先准备工作，复市应该是万事俱备。有关部门组织专家进行论证后，希望把冷库的货品投放到市场。

吴尊友发现，承担冷库检测任务的是一家第三方检测服务机构。

"北京新发地疫情和大连疫情，都说明冷冻货品或外包装污染可能引发新冠肺炎疫情，冷库货品及环境核酸检测结果事关重大，仅一家第三方检测服务公司的检测结果让人不放心"。因此，吴尊友没同意冷库复市的预定计划，并提出请地方疾控部门再对冷库部分冷冻产品进行抽样复核检查，他建议只抽样复核检测 3 月以后进口的冷冻货品，"因为全球疫情是 3 月份以后才暴发流行起来"。

有关部门采纳了他的建议。复检的结果，是从亚洲个别国家进口的数吨水产品中检出了核酸阳性样本。

"由于我的坚持，规避了一次水产品污染可能引发的新冠肺炎疫情的风险。这样一个工作就非常有意义了。"吴尊友说，这是他自新冠肺炎疫情暴发以来做的最重要，也是让他"感到很欣慰的一件事"。他是根据自己所学的专业知识、前期工作实践经验综合分析作出正确判断的。

"作为一名技术专家，你的建议被采纳，为保障北京安全发挥了作用，这让我感到非常有成就感。"

在艾滋病防治中一次次"破冰"

在 2020 年 1 月前，吴尊友的工作主要是开展艾滋病防治。

1988 年，吴尊友硕士毕业后供职于安徽省防疫站（安徽省疾病预防控制中心前身）。那是在中国内地确诊首例艾滋病的第四年。学习了 8 年流行病学知识的吴尊友感觉：艾滋病在未来会是一个严重的公共卫生问题。

正好那时美国国立卫生研究院有一个培训项目，计划从中国招收一名学员。吴尊友脱颖而出。1991 年，他开始在美国加州大学洛杉矶分校读博，主要方向就是艾滋病防治。

1995 年，吴尊友获得流行病学博士学位回国。在中国预防医学科学院（中疾控前身），成为时任院长曾毅院士的博士后。彼时，艾滋病在国内出现了蔓延态势。原卫生部疾病控制司发布的报告显示，在我国 70% 的艾滋病病毒感染者是因为共用针具进行静脉注射毒品所感染。

吴尊友团队调研了解到，多数的吸毒者因共用一个针具吸毒导致艾滋病感染。还提出了切断血液传播艾滋病途径的紧急措施，从而避免了大量献血者感染艾滋病的可能。

1997 年，吴尊友组织了我国第一个高危人群干预研讨班。"这是一次破冰行动，是中国第一次在公开场合，把控制特殊人群的艾滋病防控措施提出来。"吴尊友回忆，比如发放安全套、预防性传播、预防吸毒人员传播，以及同性恋人群怎么开展艾滋病防范工作都在这个研讨班上提出来了。而当时相关的艾滋病防治政策并未到位，社会对艾滋病的认识也存在较大落差。"当时是我从业到现在为止最艰难的时候。"

吴尊友表示，在他开展的艾滋病防控工作中，让他有成就感的例子不少。比如，优化艾滋病患者的诊断和治疗程序，称为"一站式服务",在广西示范区试点时,他和团队成员把从诊断到治疗的时间,从原来的两三个月缩短到 10 天左右,从初筛阳性到上抗病药平均只需 10 天的时间。新诊断的病人一年内的病死率一下就减少了50%—60%。此后该措施成为国家防控政策在全国推广,使得更多的艾滋病感染者从中受益。

▲ 吴尊友作艾滋病预防研究讲座

在吴尊友过去担任的职务中,还有一个"美沙酮维持治疗国家工作组秘书处主任"。这个职务的主要工作,就是将 20 世纪 60 年代开始,国际上多个国家已经采用的美沙酮维持疗法向国内推广,该疗法被认为是控制艾滋病在吸毒人群中流行的有效方法之一。

由于美沙酮维持疗法的推广,仅在 2006 年,全国美沙酮门诊由不到 60 个增加到 320 个,治疗人数从不到 5000 人增加到 4.6 万人。经过 10 余年的坚持,基本控制了我国吸毒人群的艾滋病流行。

运动是快乐的一个源泉

多位受访者表示，吴尊友作为流行病学领域一个地位较高的专家，他做事却是亲力亲为，为人谦和。

6月24日，吴尊友领着赵婧和李超两位年轻的同事前往位于朝阳区的一处隔离点作流调。那是一个特别热的下午。他们穿着防护服在现场一会儿就汗流浃背。吴尊友出来时，赵婧发现他就像被水浸泡过一样。

赵婧介绍，吴尊友那天下午访谈了3个刚出院到隔离点康复观察的关键病例，每个病例都需要访谈约一个小时。尽管他们已经对病例间的关系都很清楚，但仍然怕有信息遗漏。因此，吴尊友详细询问了这3个病例的相关信息，比如卖什么货物，进货的渠道是什么，进货渠道有无变更过，"甚至细到比如他们平常都在里面坐哪部电梯"等问题。

这让李超感到有点意外，他原本想，这种工作交给他们完成就是，"吴尊友是大专家，但他仍然坚持到现场，亲力亲为。"

李超介绍，武汉疫情后，他与同行接手做了一个疫情相关的课题研究，在项目标书撰写过程中，吴尊友会跟他们坐下来一起一点点修改。

在吴尊友自己看来，这是他作为一个技术专家应该具备的匠心精神。因为只有在把这些研究成果转化成论文或者交流材料前，做到了细致、简单，才能让这些经验更好地"重复下去"，而他就必须做到逐字逐句地修改好，甚至"对引用的参考文献原文，杂志名称、页码、标点符号等都去核实"。

工作之外，吴尊友坚持锻炼身体。比如酷爱打羽毛球，这是他每周定期完成的一项锻炼活动，哪怕是坐国际航班刚回到北京，他也不倒时差就到场地去打羽毛球。

吴尊友的一位朋友告诉新京报记者，吴尊友打羽毛球不像其他人，以取胜为目的。他是为了锻炼身体，他打球时不怎么考虑技巧性，全场跑就是一定要接住球，而是为了达到锻炼的目的。

吴尊友也承认，运动是他获得快乐的重要源泉之一，"一运动满身是汗的时候感到很快乐，感到精力很充沛"。因此，不管是去美国读书时，还是回国后工作时，吴尊友都坚持锻炼身体。

作为大学室友，安徽医科大学公共卫生学院副院长张承业告诉新京报记者，吴尊友在上学时学习成绩算不上拔尖，但是他不管是生活还是学习都很执着。这一点让他很佩服。吴尊友也赶潮流，在 20 世纪 80 年代刚刚时兴的喇叭裤，他俩就买了来穿。

《新京报》2020 年 9 月 17 日

最美
科技工作者
沙国河

沙国河：用后半生播撒科学之光

◎ 都　苪

第一台化学激波管、第一台化学激光器、国际上第一次进行激光支持爆震波等离子体的屏蔽效应研究……这些都是获评 2021 年"最美科技工作者"的中国科学院院士、中国科学院大连化学物理研究所研究员沙国河在 60 余年科研生涯中取得的成就。

然而年近七旬时，沙国河的科学人生翻开了新的篇章。

2005 年，沙国河受邀前往新疆生产建设兵团为小学生作科普讲座。这是他第一次给孩子们讲课，看着这些顽皮可爱、眼神中透露出对科学无穷的好奇与向往的孩子们，沙国河被深深打动。他想起了儿时的自己，在他还是个顽童时，沙国河就对各种科学实验感兴趣。他去中药店买来绿矾和五倍子，溶解后加入蓝色染料，自制墨水；把一根铜丝做成针尖，与黄铜矿石表面接触，制成检波器，并自制出一台无线电矿石收音机。年少时的沙国河就是在这一个又一个的科学实验中感受到了科学的无穷魅力。

"孩子们天生有好奇心和创新精神，只要经过启迪、引导、开发，他们就会对科学产生浓厚的兴趣，长大后就有可能成为科学迷、发明迷，成为我们科学事业的接班人。"童年的经历让沙国河清楚地知道，启发好奇心对于培养科学人才至关重要。他动了作青少年科普的心思。

说干就干，沙国河把实验室里的瓶瓶罐罐都搬到了中小学生的课堂上，让孩子们在实验中直观地了解科学原理。但他不满足于此，他还想自己动手制作实验器材。于是，他买来中小学生课本兀自研究起来，针对课程内容，定制实验器材。

"我们科学的未来寄托在孩子身上。要让他们对科学产生兴趣，不断激发他们的创造性，提高他们的动手能力，是每一个科学家的责任。"沙国河是这么说的，也是这么做的。五金店、建材市场……沙国河一处一处地跑，在他不足 10 平方米的办公室里堆满了各种工具材料。

很快，激光器、高压静电除尘器、平面形马德堡半球等此前只

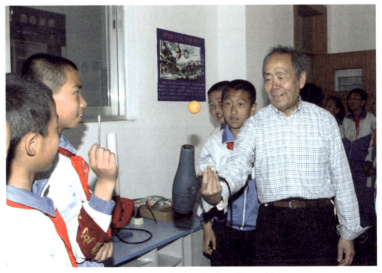

▲ 沙国河利用生活中常见的物品为孩子们演示物理现象

在课本上出现的实验装置被搬到了孩子们眼前，光纤传输激光、高压放电、静电除尘等实验，让孩子们的好奇心得到了充分满足，也大大勾起了他们的求知欲和学习科学的热情。

也就是在此时，72 岁的沙国河于 2006 年正式加入了中国共产党。许多人问他，为什么 72 岁才入党？沙国河的回答真诚而又可贵："对照党员标准，我是有差距的。经过这么多年的努力，觉得现在好像差不多了，所以向党组织提出了入党申请。"

从事科普事业 20 年来，沙国河带着他的器材，走进了几十所中小学，讲述千余堂科普课。在他的牵头推动下，全国首家青少年科普院士工作站在大连落成，每周定期向青少年开放，举行科普活动，普及科学知识。沙国河也因对大连市青少年科普工作作出的卓越贡献，被评为大连市关心下一代工作"终身成就奖"。

除了科普，2005 年至今，沙国河和夫人余道容在新疆、四川、辽宁等地连续资助 20 多位贫困学生改善生活、完成学业，资助金额累计达数十万元。

沙国河曾说："是国家培养了我，所以我也要回报国家。科学家报国有许多种方式，激发起孩子们热爱自然科学的兴趣也是一种。从事科普教育，既是国家需要，也是院士的责任，更是我的快乐。"

"最美科技工作者"颁奖词这样评价他："耄耋之年不言退，你用童心永驻播撒科学之光。"凭借着对祖国科学事业的无限热情，如今 87 岁的沙国河依然孜孜不倦地奋斗在科普教育一线，将科学之光撒向每一个角落。

《科技日报》2021 年 11 月 17 日

种星星的人

◎ 卜 叶

　　他从事科学研究 60 余年，在固体燃料、化学激光器研究，特别是在激光化学基础研究上，作出了系统性、创造性的贡献。

　　他设计、组装了我国第一台化学激波管，参与研制出我国第一台化学激光器——光引发氯化氢脉冲化学激光器，并在此激光器上进行了国际上首次激光支持爆震波等离子体的屏蔽效应研究，在激光态分子传能研究中首次实验证明了单一三重态传能通道间存在量子干涉效应。

　　他在年近七旬时，又怀揣着一个小小的梦想，开始了一份大大的事业——给中小学生作科普。近 20 年来，他在一间不足 10 平方米的办公室，播种下点点星光，将科学梦想洒向广袤大地。

　　他就是中国科学院院士、中国科学院大连化学物理研究所（以下简称大连化物所）研究员沙国河。

　　近日，2021 年"最美科技工作者"名单公布，87 岁的沙国河获此殊荣。"中国科学的未来在青少年。让青少年对科学产生兴趣，不断激发他们的创造性，提高他们的动手能力，是每一个科学家的责任。实现高水平科技自立自强，必须有一大批创新型科技人才，而创新型科技人才的培养就得从小抓起。"沙国河说。

兴趣为师

2005 年，沙国河到新疆生产建设兵团为小学生讲科学，这是他第一次接触科普教育活动。孩子们对科学的向往之情，也让沙国河想起了自己儿时的经历。

幼时，沙国河就对实验感兴趣，经常在家做实验，用硫酸加锌制氢气，氯酸钾与氧化汞加热制氧气……初中时，沙国河省吃俭用，用零花钱置办了一个手提木箱，里面装有各种化学试剂、酒精灯、试管和酸碱试纸等"玩具"。

中药店也是沙国河经常光顾的地方。绿矾加五倍子，溶解后加点蓝色染料制成墨水；买来黄铜矿，用一根铜丝做针尖与矿石面接触就成了检波器，这也是现代半导体二极管的雏形。因为对收音机感兴趣，沙国河还自己动手做了一台无线电矿石收音机。

"动手做实验比背书有趣多了。"沙国河说，"自然科学枯燥有时候是教育方法的问题，物理化学等学科做起实验来是很有趣的。"

从事科研多年，沙国河曾冒着氟气燃烧和剧毒的危险，冲锋在前；昼夜颠倒进行科研攻关，当周围亲友同事劝他歇一歇时，他总说"这不是工作，是兴趣"。

为了激发学生学习兴趣，让学科学、钻研科学像吃饭睡觉一样成为生活必需品，沙国河决定将科普作为他的又一重点工作。说干就干，沙国河将实验室的瓶瓶罐罐和与老伴余道容制作的各种小仪器带进了课堂。这种科普演示的形式取得了很好的效果，很多学生都对科学产生了浓厚的兴趣。

"让中国的科技力量强大起来，是我成长过程中逐渐明晰的梦想，相信也是全体科技工作者的梦想。现在，这一梦想需要传承，娃娃爱科学、学科学，就是我的中国梦。"沙国河说。

科普为业

初战告捷，沙国河备受鼓舞，他决定拿出更多时间投身科普事业。

确定想法后，他马上买来中小学生的课本研究起来。"那股认真劲一点也不亚于做科研。"沙国河助手、大连化物所高级实验师崔荣荣回忆。根据课本的内容，沙国河按需定制出中小学生需要做的实验。紧接着，他开始为自己的宏大构想绘制草图，亲自跑到五金店买材料。一间不足 10 平方米的办公室，摆满了各种工具、材料，有时客人到访，竟没有下脚的地方。然而，沙国河并不在意，还从家抱来被子，累了就睡在办公室。

经过几个月的努力，高压静电除尘器、平面形马德堡半球等实验装置以及光纤传输激光、高压放电、静电除尘、磁生电、电生磁等实验新鲜出炉，大大小小一共 20 多个。

准备就绪，沙国河主动找大连市科学技术协会表明心愿。很快，沙国河带着这一大堆"稀奇古怪"的东西走进课堂,来到孩子们身边。原本平静的课堂立刻变得生动活泼起来,他的每一个"精彩表演"都吸引了孩子们的眼球。

沙国河还让孩子们自己动手做实验,亲身感受。很多中小学生说:"通过沙爷爷的讲解和实验,知道了激光的特点、作用,知道了电是什么,知道了大气压是怎样产生的……"

给孩子们讲科学知识的同时,沙国河更注重培养热爱科学的信念,经常通过讲"马德堡半球实验"的来历等一些经典科学故事,对孩子们进行启蒙教育。有时活动结束后,他还和孩子们一起唱《让我们荡起双桨》,鼓励孩子们珍惜现在幸福的童年生活。

近 20 年来,沙国河的科普讲座已经走进大连几十所中小学,他不仅成为中国科协 2000 年在全国配备"科普大篷车"以来首位担任义务辅导员的院士科学家,还在大连市沙河口区中小学生科技活动中心设立了我国第一个面向青少年科普教育的院士科普工作站,定期为中小学生作科普实验演示。

报国之魂

2020 年,新冠肺炎疫情暴发,已经 86 岁的沙国河每天戴着口罩,有时甚至冒着风雪,步履蹒跚地走到他的办公室,在那里一待就是一天,打磨、组装实验器件,对一个一个小零件进行试用。每个实验都经过上百次的重复,确保可以安全顺利地进行,他才满意地将这些实验教具放到盒子里。

"他告诉我们等到大连市沙河口区中小学生科技活动中心恢复工

作了，就把这批新教具运过去，孩子们又有新的'玩具'可以'玩'了，每当提到孩子们，他就变成了老顽童。"崔荣荣说。

在沙国河看来，他所做的一切都基于"祖国的利益""党的召唤"。沙国河从小就想成为一名共产党员，1949 年，他加入了中国共产主义青年团，开始系统接受共产主义教育，了解党的历史与宗旨。20 世纪 80 年代，沙国河递交了入党申请书。但不久，他便到德国做访问学者，入党被搁置。

留学归来，沙国河将全部精力倾注于科研事业。他一直觉得自己距离一名合格的党员还有点远，于是在工作中对自己要求非常严格。

2006 年，年过古稀的沙国河终于实现了自己几十年的夙愿，加入了中国共产党。有人问沙国河："为什么 72 岁才入党？"沙国河回答："对照党员标准，我是有差距的。经过这么多年的努力，觉得现在好像差不多了，所以又向党组织提出入党申请。"

此后，他在工作和生活中更加一丝不苟，处处发挥模范带头作用，在多个领域取得卓越成就。

沙国河现在最担心的事情，就是自己的身体一天不如一天，2021 年，他的胃不太好，需要轮椅才能出行。意识到自己的身体可能会耽误科普工作，他希望找一位德才兼备的教师来管理院士工作站，为孩子们做科普。

除了科普，2005 年至今，沙国河和夫人还连续资助贫困学生，前后共资助了 20 多个贫困儿童，资助金额累计 20 余万元。

这位耄耋之年的老院士，把他对国家的爱，都倾注在对祖国下一代的培养上。

新中国的成长过程中，一批批科学家把时代之需扛在肩上，沙国河也是其中一位。这位梦想家，用双手拨开现实的泥土，将科学火种变成明日之光，时代也必将回报给这位老人一片璀璨的星空。

《中国科学报》2021 年 11 月 10 日

一位老科学家的使命与担当

◎ 崔荣荣

沙国河，物理化学家，博士生导师，中科院大连化学物理研究所分子反应动力学国家重点实验室研究员。在激光化学和分子动力学领域，作出了系统性、创造性的贡献。1997年当选中国科学院院士。

他心怀家国，科研工作始终以国家需求为导向；他一心向党，72岁加入中国共产党，实现几十年夙愿；他热衷科普，在孩子们心中埋下科学的种子……他就是被孩子们亲切地称为沙爷爷的中国科学院院士、中科院大连化学物理研究所（以下简称大连化物所）研究员沙国河。

心怀家国，研国之所需

大连化物所老一辈科学家始终以国家需要作为自己的科研方向，沙国河也不例外。

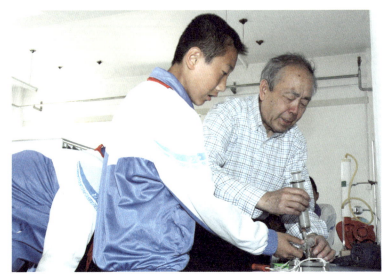

▲ 沙国河带着学生做实验

从"水煤气合成石油"到"研制火箭推进剂",从"激波管化学动力学"到"微波吸收材料",从"化学激光"到"分子反应动力学",沙国河每一次转换的领域,都是国家当时最急需的科研方向。

进入一个新的科研领域意味着要从头学起,但沙国河每次都迎难而上,而且是"干一行、爱一行,钻一行、精一行",成绩斐然。他建立了我国首台化学激波管、研制出中国第一台化学激光器、首次实验观察到量子干涉效应等,并荣获 1999 年国家自然科学奖二等奖、2003 年度何梁何利基金科学与技术进步奖等国家级重要奖项。

一心向党,圆多年凤愿

沙国河从小受家人影响,一心想加入中国共产党,他曾满怀深情地谈及他的青年时代:"1950 年我读高中二年级时,抗美援朝战争爆发。作为一名共青团员，为了抗美援朝保家卫国，我响应号召参了军，其实我当时是很想继续念书的，但还是把国家的需要放在了第一位。直到战争缓和，我才又被部队保送上了大学。"

1957 年，沙国河从北京石油大学毕业后被分配到大连化物所工作，因"室、组变迁""人事变动"等客观原因，他始终未能入党。

20 世纪 80 年代，沙国河又一次向党组织提交了入党申请书。可不久，他便到德国一家研究所做访问学者，入党事情再次搁置。

1986 年，在沙国河回国前，德国研究所极力挽留他，他拒绝了邀请："我觉得祖国的利益高于一切，党的召唤重于一切。"

留学归国后，沙国河将全部精力倾注于科研事业。"回国后，我虽然没入党，但将精力全部用于科研，也算是为国家出力、为党出力。"

2006 年，72 岁的沙国河终于实现了几十年的夙愿，加入了中国共产党。有人这样问沙国河："为什么 72 岁的年纪才想入党？"沙国河回答："我觉得对照党员标准我是有差距的，经过这么多年的努力，觉得现在好像差不多了，所以又向党组织提出入党申请。"

科普、助贫，播科学之种

沙国河在科研领域成绩斐然，然而，最令他自豪的，却是荣获全国科普工作先进工作者。

2005 年，沙国河到新疆生产建设兵团为小学生讲课。那是他第一次接触科普活动。活动中，他深深地感受到孩子们对科学的向往。此后，科普便成了他工作中不可或缺的一部分。

沙国河亲自设计实验，购买实验材料，搭建实验装置，希望通过自己的科普实验演示激发孩子对科学的热爱。目前，他亲自搭建的科普实验装置已达几十种，在大连市沙河口区中小学生科技中心设立了全国首家面向青少年科普的院士工作站，每周二和周四上午，他都会在工作站为中小学生作科普实验演示。

身边的人都劝他，年纪大了，能不能少讲几次课？沙国河却说，"我只要还能做得动，就会继续发挥余热，做更多的科普工作。"

除了科普，2005 年至今，沙国河和夫人还连续资助贫困学生，前后共资助了 26 个贫困儿童，资助金额累计 25 万元。

助学的念头源于 2005 年沙国河到乌鲁木齐参加学术年会时，与夫人了解到当地因家庭贫困失学、辍学的儿童很多，便提出每年捐助 2000 元用于支付 5 名新疆特困生的学杂费、书本费。此后十几年来资助不仅从未间断，金额也从最初的 2000 元逐渐增加到现在的 6000 元。除了助学金，沙国河还很用心地为孩子们挑选、邮寄有教育意义的书籍。

同年 10 月，沙国河夫妇二人在回四川老家探亲时又资助了当地 5 名贫困学生。夫妇二人还两次前往四川贫困山区看望被资助的学生。当了解到一名受资助男孩的姐姐是聋哑儿童，已经 12 岁还未上学时，两位老人四处奔波，辗转成都、雅安，终于为她找到合适的学校。

"是国家培养了我，所以我要回报国家。"如今这位耄耋之年的老院士，把他对国家的感激之情，都用在青少年培养工作上，依然不知疲倦地为青少年的健康成长奔波忙碌着。

《中国科学报》2020 年 9 月 10 日

最美

科技工作者

易志坚

易志坚：走在沙漠化治理的路上

　　沙漠与良田，很少有人会将两者挂钩，而2021年"最美科技工作者"、重庆交通大学副校长易志坚却克服万难，将沙漠改造成良田。

　　1963年出生的易志坚长期从事力学、道路、桥梁、材料等领域科研，在弹塑性断裂力学线场分析方法、应力强度因子裂纹线方法等研究中取得系列创新成果。早期研究断裂力学，他提出了弹塑性裂纹线场分析、应力强度因子裂纹线分析等方法，取得不少创新成果，20世纪90年代，他做出一系列高水平成果，发表在国际权威刊物上。从最初完全从事力学理论研究到接触桥梁、道路、钢筋混凝土结构，把力学与实际工作相结合，易志坚在这条路上走了30多年。

　　2008年，易志坚发现土壤颗粒间存在一种奇特的万向结合约束，就产生了土壤化的设想。"通俗点说就是一个'沙变土'的设想，把一盘散沙变成和土壤一样的状态，干的时候像一个干土团，打湿之后就像稀泥巴，干土团就是固态状态，稀泥巴就是流变状态。"带着这样的设想，从 2009 年开始，易志坚团队从植物中提取了一种纤维黏合剂，只要把这种黏合剂放到沙里，再添加适量的水，沙子就可以变成拥有生态力学属性、具有"万向结合约束"的"土壤"。约束属性和孔隙结构保证了土壤化的沙子具有存储水分、养分和空气的功能，同时能滋生微生物。

易志坚组织了跨力学、材料、土壤、植物等多学科的科研队伍，从前期扎根实验室，到后期转战荒芜的沙漠，在提出设想的 8 年后，2016 年，易志坚团队第一次在内蒙古乌兰布和沙漠进行实地试验，实验面积为 25 亩，仅仅两个多月，70 多种植物让贫瘠的沙漠变得生机盎然，这让易志坚团队信心大增。2017 年，其团队开始规模化研究，乌兰布和沙漠的试验面积扩展为 4000 亩；2018 年，在乌兰布和沙漠的试验面积扩大为 6000 亩，同时在新疆塔克拉玛干沙漠、四川若尔盖沙化草地进行了试验，总面积为 1 万亩。到 2021 年，实验面积已发展为 1.7 万亩，范围也拓展到西沙岛礁、非洲撒哈拉沙漠等地。

▲ 易志坚在记录沙漠试验田作物情况

在多年的试验中，易志坚惊讶地发现，沙漠上实地改造的土壤化的沙土和自然土壤相比是倒装的结构，自然土壤上层疏松，下层紧密，一般植物的根系扎根较浅；而改造后土壤化的沙土，上层由于被约束而相对紧密，下层仍为离散状态的沙子，适宜植物根系生长，由于植物的生长主要靠毛细根吸收养分及水分，这使得植物生长旺盛并且节水。"约束只需要加入一次，就能让改性后的沙子永久保留'土壤'特性，实现正常的植物生长。"易志坚说。

易志坚表示，沙漠土壤化有 3 个特点，第一是保水保肥，可供沙蒿、沙打旺等耐旱植物自然生长，无需人工灌溉，一般植物的灌溉量远低于当地的节水灌溉；第二是植物生长旺盛，根系发达，生物量普遍高于周边农地；第三是沙子添加了约束材料，变为"土壤"后，可持续性增强。同时，沙改土可规模化施工、经济性好，仅需一次加入约束材料，"土质"可持续保持，微生物群落和数量构建迅速，沙漠生态恢复显著，植被茂盛，吸引许多动物在此安家。易志坚介绍，在广泛试验中，团队发现，植物的根系或者来不及收的作物烂在地里后，又可以形成新的约束材料，"土壤"特性会变得更佳。这样一来，能够实现"土壤化"的沙漠，往往比预期效果更好。

罹患癌症、经费不足都没有阻挡住易志坚的脚步。他表示，将义无反顾地走在全球沙漠化治理的路上。

新华网北京 2021 年 11 月 5 日电

易志坚：设想成现实，荒漠变"良田"

◎ 孙明源

"我们到现在还不知道青蛙是怎么在沙漠里出现的。"获得 2021 年"最美科技工作者"称号的重庆交通大学副校长易志坚教授谈起自己的科研经历时，兴致十分饱满，正如他描述自己获得荣誉时的心情是"很激动，很意外，又很珍惜"。

1963 年出生的易志坚在大学学习的是固体力学，研究生阶段的研究方向是断裂力学。1988 年，易志坚前往重庆交通大学任教，开始接触混凝土等材料。在多年的研究当中，易志坚发现，改变颗粒物质的力学状态就可能创造奇迹，例如沙子就可能变成储存水分、空气和养分的"土壤"，为植物生长提供条件。

2008 年提出沙漠土壤化的设想之后，易志坚团队在 2009 年正式启动研究。经过六七年的理论和实验室研究，易志坚团队在 2016 年前往沙漠地区开展实地研究，经过几年的不断尝试，沙漠土壤化的试验面积已经从最初的 25 亩拓展到 2021 年的近两万亩，这些试验田分布在中国的内蒙古、新疆、西藏、四川、海南地区，以及中东、非洲的一些沙漠地带。

2017年，沙漠土壤化初见端于媒体时，这一设想在互联网上引发了热议，他也对网友的一些问题作出了回应。例如，面对"沙漠有水，植物就能生长，因此把沙漠土壤化成本过高，没有意义"的质疑，易志坚解释说，仅仅有水的话，非沙生植物依然很难生长，依靠大量人力物力也难以保障存活。但是在沙漠土壤化之后，植物生长的情况出乎意料地好，根系非常发达，与此同时用水用肥量还很节省，因为土壤本身可以保水保肥；如果种植耐旱植物，则可以在不灌溉情况下自然生长。对于"沙漠土壤化成本远高于防沙固沙"的说法，易志坚指出，这种比较是不合理的，因为"固沙"和"造田"本来就是不一样的目标，讨论实现成本高低并无意义。

在热议出现的2017年，由十几名专家组成的力学治沙专家座谈会得出意见，认为"该研究是治沙领域的有益探索，需要开展进一步的深入研究"。易志坚向科技日报记者表示赞同这一结论，"继续试验，让科学事实说话"。网络讨论没有干扰到易志坚的步伐，4年多来，试验田不断出现喜人的结果。

在研究当中，易志坚团队面临的实际困难来自其他方面。易志坚把这些困难总结为3个方面，其一是没有经费支持，其二是需要深入沙漠，其三是对于易志坚来说，这是一项跨界研究。"面对许多现实问题，做研究是需要一定的兴趣和勇气的。"易志坚感慨道。

在易志坚团队的努力协作下，这些问题都得到了克服。每到植物播种和生长的季节，易志坚经常拿出周末休息时间，前往沙漠开展研究。作为高校教师，易志坚还把自己最大的"职业福利"暑假拿出来，在内蒙古的乌兰布和沙漠度过。

"寒假倒是不用去了，那里天寒地冻，不长植物。"易志坚说。

谈起自己的治沙感悟，易志坚直白地表达了自己的喜悦："经过多年努力，当沙漠变成绿洲的时候，我的心里非常高兴，天天都挂念着这件事。我都不知道该怎么形容了，总之就是特别地高兴。"这一切的起点，就是易志坚团队的科研设想：通过颗粒约束改变沙子的力学状态，让它具有土壤的性能。易志坚在长达 10 余年的研究当中，见证自己脑中的一个想法逐渐变成了沙漠中的一片片绿洲。他说，每位科技工作者都会为这样的见证感到无比欣慰。

从物理学的分支力学，到材料科学，再到生态科学，"由沙变土"不只是对易志坚团队研究内容的一种概括，也是对易志坚本人学术生涯的写照。在跨学科研究、实现成果转化这条道路上，易志坚已经走了许多年。"这绝对是一项利国利民的事业。"易志坚总结说。

《科技日报》2021 年 11 月 16 日

易志坚和他的"沙漠土壤化"试验

◎ 张永才　李星婷

一条穿沙公路横贯广袤的沙漠，有"红色公牛"之称的乌兰布和沙漠绵延无边，直抵黄河。

位于内蒙古阿拉善盟境内的乌兰布和沙漠，总面积约 1 万平方公里，是中国八大沙漠之一，其每年输入黄河的沙子达 1 亿吨，是黄河泥沙以及北方沙尘暴的主要来源。

压弯了腰的红高粱、大片丰茂的绿色牧草……在乌兰布和沙漠，却神奇地出现一大片地毯式的"绿洲"。

这片"绿洲"正是重庆交通大学（下称交大）副校长、博士生导师易志坚教授带领团队，运用力学治沙原理种出的 4000 余亩"沙漠土壤化生态修复产业示范基地"。

11 月 5 日，易志坚获得 2021 "最美科技工作者"称号。他为什么能获此殊荣？"沙漠土壤化"究竟是一项什么技术？"力学治沙"的奥秘何在？对此，记者作了跟踪采访报道。

力学"密码"让沙子变成了土壤

"沙漠不缺水,而是存不住水。"9月18日,内蒙古乌兰布和沙漠基地,易志坚蹲在沙地上,正专心致志地为数十位专家介绍"力学治沙"的原理。

▲ 易志坚在测量作物生长数据

这些专家包括中国工程院院士李术才,以及来自山东大学、黑龙江省农科院、国家发展和改革委员会中国宏观经济院、中国科学院重庆绿色智能技术研究院等高校和科研机构的近20名力学专家、土壤学家、生态学家和农学家。

他们受中国产学研合作促进会、重庆科技成果转化促进会邀请,前往内蒙古自治区阿拉善盟乌海市参加对重庆交通大学完成的沙漠土壤化关键技术与生态治理示范工程科技项目成果评价会。

在基地，交大工作人员现场演示了"力学治沙"。工作人员将团队发明的植物黏合剂混合在一堆黄沙中，这堆散沙很快黏合成一团"土"。舀一瓢水浇在这团"土"上，水静静地停留在这团"土"中间。旁边，直接浇在一堆沙子上的水，则很快全部往下渗漏了。

工作人员解释，早在 2008 年，从事力学研究多年的易志坚在研究中发现：土壤具备保水保肥的能力是因为土壤颗粒之间存在万向约束力。

这种约束使土壤能够"抱住"植物根系，从而维持植物稳定，并且保水、保肥和透气。交大科研团队研发的植物性纤维黏合剂加入沙中的比例仅需千分之三以下，土壤厚度达 20 厘米即可种植。

沙漠里"藏着"绿水青山、金山银山

正值金秋，重庆日报记者看到，在内蒙古乌兰布和"沙漠土壤化"基地里栽种的 40 多种农作物已进入成熟期。高粱发达的根系、果实累累的土豆……让专家们眼前一亮。

"这萝卜真大！一个有三四斤吧？""这窝土豆好茂密！整整 50 个，共 4.35 公斤！"专家组成员或拍照记录，或拿出仪器比量根系的长度、记录瓜果的大小。

交大团队已在内蒙古乌兰布和、新疆和田、四川若尔盖等多地试验成功，目前总种植基地达到 1.7 万亩。

基地有一块特别的 200 亩荒漠化实验区，易志坚告诉大家，2017 年 8 月，科研团队在这块实验区，用植物黏合剂将沙漠土壤化后，撒上梭梭、沙棘等耐旱植物种子，待其发芽出苗后便不再进行浇灌。

这块 4 年间不曾人工浇过水的实验区，仅靠自然降雨供给植物生长。记者看见，尽管这块实验地的作物不像人工管护的基地那样欣欣向荣，但近一人高的植物都顽强地生长着，起到固沙、固碳的作用。

"獾、狐狸、老鼠、麻雀……这些动物不时在基地出现，证明这里已经形成良好的生态系统。"易志坚说，团队"力学治沙"走的是"力学＋生态＋农业"路子，在多学科交叉创新的科学治理下，沙漠也可以变成绿水青山、金山银山。

专家们认定该项成果达到国际领先水平

"沙漠土壤化技术的推广应用情况如何？""用水情况怎么样？"……9 月 18 日，在重庆交通大学沙漠土壤化关键技术与生态治理示范工程科技项目成果评价会上，评价委员会的专家们围绕沙漠土壤化后的各项指标、所产生的经济效益、生态效益等，认真进行了质询。

"我们优选了一批适宜沙漠种植的植物，如狼尾草、高粱等数十种植物，产量都很高。""根据监测，内蒙古乌兰布和沙漠土壤化后每亩地的用水量为 300—500 立方米，比当地农地灌溉定额标准节水 30% 以上"，"目前，团队在技术创新、生产体系方面的各项科研成果，已获得中国、澳大利亚、摩洛哥等国发明专利授权 22 项。"……针对专家们提出的质询，易志坚和团队成员一一回答。

团队成员称,"在 2019 年和 2020 年,内蒙古自治区阿拉善盟农牧局、新疆和田农业农村局分别组织第三方检测机构对乌兰布和、和田基地的高粱进行了测产,平均亩产分别为 789 公斤、614 公斤,国家统计局 2017 年数据显示全国高粱平均亩产为 324 公斤。"

对沙漠土壤化后的生态改变,专家们尤为关心。团队成员展示了一张张基地的幻灯片和检测机构的结果,并称:沙漠土壤化改造后沙地地下生物量丰富,与当地红土地(黏土)上自然种植的同等植物的根系生物量相比,平均生物量提高 3 倍以上。

几年耕种下来,沙地里部分区域已出现生物结皮(又称"土壤微生物结皮",由微细菌、真菌、苔藓等植物及其菌丝、分泌物与土壤砂砾黏结形成的复合物,对沙漠的固定、土壤抗风蚀水蚀等有重要意义)。

在 2018 年和 2019 年,团队邀请国际国内第三方检测机构,如通标标准技术服务有限公司、华测检测认证集团股份有限公司,对土壤成分、农作物营养成分进行了检测。结果显示:土壤达到绿色食品产地环境标准,高粱、番茄、萝卜、西瓜、茄子、辣椒、土豆、葵花籽等主要农产品获得绿色食品认证。

经过 3 个多小时的质询和讨论,专家一致认为:沙漠土壤化是一项颠覆性的原创性、突破性成果,其经济、社会、生态效益明显,对国家生态安全、粮食安全等具有重要意义,为全球沙漠治理提供借鉴。

经过仔细商榷,最终,专家们认定该项成果达到国际领先水平,综合评价报告给出 95.29 的高分,并建议进一步加强沙漠土壤化生态治理技术的系统理论研究和推广应用。

　　"阿拉善盟计划在贺兰山和狼山之间的缺口，建立一道从南至北100公里的生态屏障。"参加评审会的内蒙古阿拉善盟发改委副主任墨孟军表示，阿拉善盟已完善《"乌贺原"生态屏障工程建设规划（2021—2035年）》，这项规划为我国西北生态脆弱区的保护和治理进行了顶层设计，从而阻止黄沙进入黄河、河北。

　　他认为，"重庆交大的沙漠土壤化技术，将为阿拉善盟建这道生态屏障起到巨大的支撑作用，助力阿拉善盟高质量发展。"

《重庆日报》2021年11月6日

最美

科技工作者

赵淳生

ZUIMEI

KEJIGONGZUOZHE

创新路上，他们有何
期待与诉求

保护创新，推动成果产业化

◎ 讲述人：2021 年"最美科技工作者"、中国科学院院士、
机械工程专家、南京航空航天大学教授赵淳生

2020 年 11 月 24 日凌晨，嫦娥五号探测器奔向月球，开启了我
国首次地外天体采样返回之旅，我带领团队研制的超声电机助力探
测器精准挖土。据统计，我和我的团队研制的 60 多种超声电机，先
后获得了 200 多项发明专利和多项国家级科技奖励。这些超声电机
除了应用在嫦娥三号、四号、五号以及量子科学实验卫星等高端装
备上，还在医疗、光学和化学等领域获得了很多应用。

我从小就是党培养起来的。新中国成立前我是一个放牛娃，缺
吃少穿，在一名地下党员的帮助下才读完了小学。新中国成立后，

▲ 赵淳生参加科技论坛并作演讲

是党培养教育了我，让我有机会两次留学。我发自内心地爱党爱国，立志要报党报国。

一个创新团队的灵魂是什么？首先就是要爱国。因为爱国，才会千方百计研究出好的东西给国家。拿什么来爱国呢？就要靠奋斗。人家比我们先进，如果你不追赶、不拼命地干，是始终赶不上人家的。在我所从事的超声电机研究领域，科研一开始基本是模仿为主，后来能并驾齐驱，今后还要超过其他国家，做得更好。当然，奋斗不能蛮干，得要创新，不断地创新。

做科研必须坚持原则。一个团队的风气太重要了，是该你追我赶还是该东抄西挪？答案不言自明。对于学术不端，我坚决不客气。再有，创新成果产业化，最怕的就是不诚信。现在有些社会资本以投资搞合作为名目，其实只想着利用科研团队的名誉和地位把经费拿到手，不顾其他。这种不诚信现象会把创新成果产业化搞得乱七八糟。希望国家在保护知识产权、保护科学家、保护科技人员上出台更多政策。

　　未来，我要带领团队把超声电机做到极致。现在，我们已经制定了超声电机的国家标准，我希望还能制定世界标准，这是我们下一步的创新意愿。

《光明日报》2021 年 12 月 1 日

赵淳生：中国超声电机的奠基人

◎ 马爱平

他是我国第一个研究电动式激振器的科学家，也是我国超声电机的奠基人、开拓者。

他带领团队研制的超声电机已应用于嫦娥三号、四号、五号、墨子号量子卫星、智能炮弹、医疗仪器、光学系统等高端装备，打破了国外在该领域的技术垄断，填补了国内空白。

他就是 2021 年"最美科技工作者"、中国科学院院士，南京航空航天大学教授赵淳生。

"我一定要搞出中国人自己的超声电机"

超声电机是以超声频域的机械振动为驱动源的新型微特电机，在轿车电器、精密仪器仪表、工业控制系统、航空航天等领域都有着广泛的应用前景，并于 20 世纪 90 年代初在日本、德国、美国等国投入商业应用。彼时，由于技术垄断，我国尚未研制出自己的超声电机。

1992 年，赵淳生被邀去美国麻省理工学院（MIT）做访问学者。一个偶然的机会，他在该系听了一场"超声电机的发展和应用"报告。

"我注意到，报告人提到 NASA（美国宇航局）与 MIT 要联合研制火星探测器上用的超声电机。"赵淳生敏锐感觉到超声电机将对我国的航天器很有用。于是，决心开始学习超声电机研究。

1994 年 10 月，他放弃美方给予的优厚待遇，告别已在美国定居的妻女，独自回到南京。一个硕士生、一个博士生、一个博士后，加上赵淳生一共 4 个人，在一个 20 平方米的房间里干了不到一年时间，就研制出我国第一台能够实际运转的超声电机。

"命和超声电机，我两个都要！"

2000 年 11 月，因积劳成疾，赵淳生被确诊为肺癌。在肺癌治疗期间，又被查出了胃癌，一时间，63 岁的赵淳生要遭受两种癌症的折磨。

连续两次大手术，体重锐减 26 斤，身体几乎虚弱到崩溃的边缘，但赵淳生没有"谈癌色变"。他在病榻上完成了多份研究报告，休养期间，把实验仪器搬到家中，在家里做各种实验，妻子、女儿都伤心地问他："你是要命还是要超声电机？"他的回答是："我两个都要！"

凭借顽强的毅力，忍受着化疗的痛苦，他不仅战胜了病魔，研究成果"新型超声电机技术"于 2003 年获国防科技奖一等奖，于 2004 年获国家技术发明奖二等奖，并于 2005 年增选为中国科学院院士。

"我要想尽办法再努力，做得更美"

已至耄耋之年的赵淳生，没有一天放弃过科技报国的梦想，每天工作到深夜。他誓要将超声电机产业化，其间经历 3 次失败，但都不言放弃。

在前 3 次失败的基础上，2017 年 1 月，他创建了南京航达超控科技有限公司。2013 年 12 月，一款只有 46 克重的超声电机让满载中华儿女"飞天梦"的嫦娥三号轻装上阵，后来又继续使用在嫦娥四号、五号和墨子号卫星上。2020 年 5 月，该公司首次研发的"四超一特"超高性能的超声电机，在行云二号卫星 01、02 星的激光通信系统中得到成功应用。这一成功，意味着赵淳生及其团队为我国正在研发的空间激光通信终端解决了一个关键核心技术。

"我感到很惭愧，因为千千万万的科技工作者，他们好多人比我做得好，肯定比我更美，但选了我，我很光荣。惭愧之余，我也要更加地努力，尽管现在不是最美，但我要想尽办法再努力，做得更美，生命不止、奋斗不息，让我们的生命发出更大的光彩，最后能做到最美。"83 岁的赵淳生如是说。

《科技日报》2021 年 11 月 8 日

赵淳生："一定要搞出中国人自己的超声电机"

◎ 金　凤

病床上的那个人一只手吊着输液袋，一只手写字看书，研究超声电机。

从重症监护室出来 3 天后，他又半躺着验算数学公式。对于中科院院士、南京航空航天大学教授赵淳生来说，这只是 2001 年再普通不过的日常。那时 63 岁的他刚刚做完肺癌手术，切除了一叶右肺，又摘除了胃部肿瘤，切除了 2/3 的胃。

这分对于超声电机的"痴"，终于让妻子王凤英忍无可忍。

"你现在还在干这个，你到底要命还是要超声电机？"

"我两个都要。"

这样的争吵，已经不是第一次。赵淳生改变了策略，家人来时，他把研究资料放到枕头下，等他们走了，他再继续研究、写字看书。

后来，王凤英发现一件怪事：赵淳生上厕所的时间越来越长。有一次，她实在忍不住，就闯了进去。结果，她看到马桶上的赵淳生，正低头认真修改博士论文，一页页论文，已被他写满密密麻麻的一片红。

让赵淳生着迷的超声电机，是 20 世纪 80 年代发展起来的一种全新的微特电机，具有轻便、响应快、控制精度高、噪声低等特点，在照相机、手表、机器人、汽车、航空航天、精密定位仪、微型机械等领域有广泛的应用前景。

化疗期间，赵淳生撰写了 4 份超声电机技术专利申请书，他撰写申请的国家重点自然科学基金重点项目也顺利通过国家答辩。而他本人瘦了近 30 斤。

2001 年年底，所有的治疗结束后，赵淳生被几个研究生抬回 5 楼的家里。由于办公室在 4 楼，一次上下班就要爬 18 层楼，赵淳生干脆让学生把实验设备搬到自己家里。

电脑、示波器、三用表等填满房间，家里一下子变成了实验室。然而，家庭用电与实验用电的负荷不同，每次，他一开开关，电表就跳闸，房间顿时一片漆黑。最后，只好请电工师傅把家里的电路改造一番。

为了做超声电机启动、关断的稳定性试验，他把一款新型超声电机安装在自家窗帘上。那段时间，他不允许别人动家里的窗帘，只能他自己动。每次打开、关闭窗帘时，他都要作记录，观察超声电机是否运转正常。

自从 20 世纪 90 年代初在美国麻省理工学院听到一场超声电机的讲座，这个神奇的小玩意，就填满了赵淳生的世界。

在那场讲座中，赵淳生得知，"当时日本的超声电机已经用在照相机上面了。麻省理工学院两个系都在研究超声电机，航空航天系想用到火星探测上，电机和计算机系想用到机器人上。"

广阔的研究前景，令他兴奋不已，"咱们国家以后可能用得上"。很快，赵淳生将原定的两个研究方向调整为超声电机技术。一年后，他决定回国研制我国自己的超声电机。

"我出去只是为了学习，但我学到的，一定要服务于我的祖国，这是任何人都无法阻挠的。我一定要搞出中国人自己的超声电机。"1994 年，赵淳生只身回到南航，成立了包括他在内的四人攻关小组。

经历多次失败的考验后，1995 年 12 月 17 日，一台被称为"行波型超声电机"的原型机成功地转起来了！这是我国第一台能实际运行的超声电机。历经多年不懈攻关，2013 年，超声电机应用于"玉兔号"月球车，使我国成为继美国之后第二个"将超声电机应用到外星球"的国家。

▲ 赵淳生在南京东山外国语学校普及超声电机知识

眼下，83 岁的赵淳生并没有向年龄妥协，他依然致力于推动超声电机产业化。"比院士头衔更自豪的是成果的产业化，人民能享受你的东西，那你才成功。"

《科技日报》2021 年 7 月 13 日

最美

科技工作者

视频·链接

ZUIMEI

KEJIGONGZUOZHE

科创竞芳华　丹心报国家

——2021年"最美科技工作者"剪影

◎ 张保淑

创新之美、奋斗之美、智慧之美、心灵之美，广大科技工作者努力拼搏，攀登新的科技高峰，是新时代广受尊敬的群体之一。他们中的佼佼者被评为年度"最美科技工作者"，其光辉业绩和突出成就为社会公众所关注和颂扬。

近日，2021年"最美科技工作者"名单揭晓，又有10位来自科技战线的模范人物进入公众视野。他们中有的长期致力于祖国的健康卫生事业，攻克疑难疾病的诊疗科技和公共卫生难题；他们中有的长期致力于祖国海陆大型装备科技创新，守护祖国的神圣疆域，保卫世界和平；他们中有的长期致力于祖国航天科技和地理信息科技创新，助力探索宇宙的奥秘，促进人们生产生活的改变……让我们一起走近他们，领略他们的风采。

马玙：医者仁心战"结核"

"医生最大的敌人是冷漠，最有效的处方是爱。医生的一点点关爱，就可能改变患者的一生；医生一个小小的亲近动作，都可能在患者心里播撒一片阳光。"年届 90 岁的马玙用这样朴素的话语诠释着一位人民医务工作者对患者的深情。

从事临床与科研教学 66 年，马玙始终站在结核病防控一线。在临床方面，她克服各种困难，坚持开设门诊，甚至深入偏远农村地区，开展结核病筛查并送诊上门，遇到经济困难的患者，她还慷慨解囊垫付医药费，以仁心大爱去除患者的病痛，抚慰他们的心灵。在科研和教学方面，她发表中英文论文 130 多篇，参加了 17 部专著相关篇章的撰写工作，主编了《实用肺癌防治指南》《结核病》等书籍，获得多项科技奖；她诲人不倦，培养了一批博士研究生和硕士研究生，为祖国的结核病防治事业作出了巨大贡献，成为重要骨干和学科带头人。

吴尊友：专业科学控"新冠"

"对传染病防控科技工作者来说，最重要的就是科研成果能否及时转化为国家传染病防控策略和措施，转化为人民群众的预防行为。"作为中国疾病预防控制中心流行病学首席专家，吴尊友追求的"学以致用"不仅彰显个人理论与实践的结合，而且事关广大人民群众的健康福祉，在此过程中，他的专业能力、职业精神得到全面、生动的体现。

2020 年 6 月，北京新发地新冠肺炎疫情防控阻击战打响。吴尊友带领团队对相关病例和环境进行全面细致分析，在充分综合运用大数据分析技术、流行病学调查和基因测序比对等多种技术基础上，认定是水产品及外包装污染、国际物流等途径输入新冠病毒，从而引发疫情。这不仅为此次疫情缘起和发展找到了客观依据，取得了这场阻击战的胜利，而且为新冠肺炎疫情防控提供了新的思路，为进一步制定和完善疫情防控战略奠定了坚实基础。

毛献群：为国"铸"舰闯深蓝

艨艟巨舰下深蓝，海疆万里写忠诚。威武的中国人民解放军海军战舰时刻守卫着共和国广袤的蓝色疆土，作为从事大型战舰总体设计的科学家、中国船舶集团首席专家、中国船舶集团第七〇八研究所首席专家研究员毛献群是当之无愧的巾帼英雄，在舰船研发设计领域近三十载岁月中，一艘艘巨型战舰从她和团队笔尖开始勾勒，直至最终驶向蔚蓝。为国"铸"舰是无上的荣耀，更是一份沉甸甸的责任，毛献群凭借在上海交通大学船舶与海洋工程系勤学苦练的基本功和设计实战中积累的丰富经验，不断精益求精，将大型战舰设计建造能力提升到新水平。

为了完善设计，毛献群随舰艇出海甚至参与远洋航行，记录分析相关数据，深入调研了解广大海军官兵对舰艇的需求。毛献群设计的舰艇参加过 2018 年南海大阅兵、庆祝人民海军成立 70 周年海上阅兵等重要活动，还作为编队旗舰参加海军赴亚丁湾的护航任务。

冯益柏：研制铁甲保和平

铁甲轻骑驰骋千里，堂堂火炮八面威风。坦克一向被誉为"陆战之王"，打造中国的陆战王者之师，中国机械工程学会常务理事、中国兵器工业集团原首席专家冯益柏功不可没。为满足我军轮式武器装备现代化需要，作为总设计师，冯益柏带领科研团队，成功研制出新式战车，填补了国内空白，达到国际先进水平。

21 世纪初，冯益柏和团队对某型坦克进行了性能拓展和技术攻关，把搭载中国液力传动技术的动力舱应用在坦克上，自主研发的动力舱集模块化和信息化为一体，使中国坦克的军工实力跻身世界一流水平。在多次阅兵式上，冯益柏团队设计、兵器工业集团公司生产的坦克精彩亮相，展示了国威军威，体现了兵器工业系统的科研成就，显示了我军维护世界和平的强大能力。

刘家富：深耕蔚蓝鱼满舱

大黄鱼是很多人喜爱的美食，然而这种海鱼能够恢复产量，继续丰富大众的餐桌，在很大程度上离不开一位名叫刘家富的福建连江人的贡献。海边出生长大，刘家富对那边蔚蓝的世界有天然的感情。20 世纪 70 年代之后，过度捕捞导致中国大黄鱼资源大幅减少。毕业于上海水产学院的刘家富立志实现人工繁育大黄鱼突破，为此他请求调往管理官井洋大黄鱼产卵场的福建宁德地区水产局，着手开展大黄鱼人工繁养殖攻关。

"十年磨一剑"，他克服了科研条件差、资金短缺等困难，连续破解了大黄鱼保活难、人工催产难、生长速度慢等难题，并进一步使大黄鱼成为中国养殖规模最大的海水鱼和八大优势出口养殖水产品之一。他组织构建大黄鱼产业支撑体系，推进了中国大黄鱼养殖产业化发展，形成了中国大黄鱼产业自主知识产权系列。如今，已是 81 岁高龄的刘家富还出任大黄鱼育种国家重点实验室学术委员兼技术顾问，继续致力于大黄鱼创新育种、种业配套增养殖技术研究。

易志坚："点"沙成土瓜果香

荒滩变绿洲，沙漠瓜果香。多么不可思议的人间奇迹，而创造这人间奇迹的就是重庆交通大学副校长易志坚教授。作为长期从事力学、道路、桥梁、材料等学科教学研究的科技工作者，易志坚的兴趣本来与沙漠没有关系，但是韧性聚合物混凝土路面研究成功促使他思考：从颗粒物质到混凝土是力学状态的改变，机理是约束（物理学名词）决定了颗粒物质的状态；如果将这种机理应用到沙漠，能否使沙子聚合而具有土壤的特性，从而实现对沙漠的治理呢？他由此开始了长期的研究尝试，在经历一系列痛苦的失败后，他带领团队终于取得突破性进展。

2016 年，易志坚领衔的"沙漠土壤化"应用试验在内蒙古乌兰布和沙漠启动，首次试验 25 亩沙地便获得成功，70 多种植物在沙海中绿意盎然。此后，他利用该技术实施了近 2 万亩沙漠的改造。在易志坚团队"点沙成土"技术的支撑下，令人惊艳不已的"沙漠绿洲"图景正展现在人们面前。

李德仁：遥感测量闯"高分"

"我们只是一个代表，代表了为国家建设作出贡献的中国知识分子。"面对入选 2021 年"最美科技工作者"的殊荣，中国科学院院士、中国工程院院士李德仁这样表示。作为我国高精度高分辨率对地观测技术体系的开创者，李德仁引领我国在此领域实现跨越式发展并推进到世界前沿。

20 世纪 80 年代，李德仁在国际测量学界声名鹊起，在国际学术期刊发表的两篇高质量论文中，他提出更具优势的新方法，后被国际测量学界称为"李德仁方法"；他创立的误差可区分性理论和系统误差与粗差探测方法，为现代测量学奠定了数据处理的理论基础。在"高分辨率对地观测系统重大专项"（高分专项）实施过程中，李德仁领衔科研团队建成了自主可控的天空地高分辨率遥感系统，使中国遥感卫星赶上了世界水平，相关创新成果摘得 2020 年度国家科技进步奖一等奖。

赵淳生：超声动力探月宫

2020 年 12 月 17 日，随着嫦娥五号返回舱成功在预定区域着陆，中国首次月面取样返回任务取得圆满成功。为此次任务立下汗马功劳的重大装备之一就是嫦娥五号探测器上用于光谱仪驱动与控制的超声电机，其领衔研制者是南京航空航天大学教授、机械工程专家、中国科学院院士赵淳生。

超声电机具有响应快、精度高、噪声小、无电磁干扰等优点。20世纪90年代，赵淳生一接触到该领域就下定决心钻研进去，立志把超声电机搞出来，为国服务。他克服困难，很快就研制出中国第一台能够实际运转的超声电机。从2013年实施的嫦娥三号任务开始，赵淳生团队研制的超声电机在中国航天任务中大放异彩。超声电机应用前景非常广泛，赵淳生的创新成果将持续推动中国诸多产业领域不断迈向更高水平。

庄文颖：四十八载为识"菌"

"文颖盘菌属""海庄文颖氏菌属"是真菌学领域名词，它们的命名方式彰显一位中国科学家在此领域的杰出贡献，她就是中国科学院院士、中科院微生物研究所研究员庄文颖。对真菌学，业内人士通常会用一个数字来阐释其重大价值：真菌产生的青霉素是世界上第一个抗生素，它的发现和应用使人类平均寿命从40岁增加到60岁。从1973年就读于山西农学院植物病理学专业开始，庄文颖就研究真菌，她专注于真菌研究40多年间，发表真菌新科1个、新属13个、新种360余个；主持"中国孢子植物志的编研"等国家自然科学基金项目和科技部专项等20余个；发表重要论文280余篇，撰写主编著作9部，参编9部。

特别值得称道的是，庄文颖曾组织团队成员对大巴山真菌资源进行了调查，写作了《大巴山真菌》和多篇重磅论文。对于真菌，人类认识的种类只有6%，真菌研究任重道远，73岁的庄文颖依然大步行进在科研的路上。

沙国河：院士科普情结深

　　"中国科学的未来在青少年。让青少年对科学产生兴趣，不断激发他们的创造性，提高他们的动手能力，是每一个科学家的责任。实现高水平科技自立自强，必须有一大批创新型科技人才，而创新型科技人才的培养就得从小抓起。"87 岁的沙国河这样解释自己参与科普的情结。

　　作为中国科学院院士、中国科学院大连化学物理研究所研究员，沙国河在 60 余年科研生涯中，在固体燃料、化学激光器研究，特别是在激光化学基础研究上，作出了系统性、创造性的贡献。年近七旬时，沙国河把给中小学生作科普作为一项重要任务，近 20 年如一日，坚持不懈。沙国河的科普讲座已经走进辽宁大连的几十所中小学，他是中国科协 2000 年在全国配备"科普大篷车"以来首位担任义务辅导员的院士科学家，还设立了我国第一个面向青少年科普教育的院士工作站，定期为中小学生作科普实验演示。

《人民日报海外版》2021 年 11 月 22 日

扫码观看发布仪式